北京市教育经费投入分析

（1991—2010）

北京教育志编纂委员会办公室　编

方志出版社
Publishing House of Local Records

图书在版编目（CIP）数据

北京市教育经费投入分析：（1991-2010）/ 北京教育志编纂委员会办公室编. -- 北京：方志出版社，2019.6

ISBN 978-7-5144-3774-4

Ⅰ.①北… Ⅱ.①北… Ⅲ.①地方教育—教育投资—概况—北京—1990-2010 Ⅳ.① G527.1 ② G526.7

中国版本图书馆 CIP 数据核字（2019）第 140150 号

北京市教育经费投入分析（1991—2010）

编　　者：北京教育志编纂委员会办公室
责任编辑：齐　笑

出 版 者：方志出版社
地址　北京市朝阳区潘家园东里 9 号（国家方志馆 4 层）
邮编　100021
网址　http：//www.fzph.org
发　　行：方志出版社图书经销中心
电话　（010）67110500
经　　销：各地新华书店
印　　刷：北京中科印刷有限公司

开　　本：710×1000　1/16
印　　张：11.25
字　　数：210 千字
版　　次：2019 年 6 月第 1 版　2019 年 6 月第 1 次印刷
印　　数：0001 ~ 1000 册

ISBN 978-7-5144-3774-4　　**定价**：60.00 元

主　编

成　刚

序

1991年至2010年，适逢中国改革开放大潮，伴随社会经济快速发展及人民群众日益增长的文化和教育需求，北京教育进入了快速发展时期。

二十年里，北京教育在党和政府的领导下，以办好人民满意的首都教育为指针，锐意改革，加大投入，不断加强学校建设和师资队伍建设，深入开展素质教育，提出教育现代化的目标，探索义务教育均衡发展，建设高水平的一流大学，创建学习型社会，努力为人民群众提供公平、优质的教育，基本普及学前三年教育，在全国率先普及九年义务教育和高中阶段教育，率先进入高等教育普及化阶段。

二十年中，北京教育的发展以改革创新为动力，先后进行了教育领导管理体制改革、办学管理体制改革、学校内部管理体制改革、招生及保障体制改革。同时积极开展教育评价创新、学业评价创新、教育督导工作创新。在教育教学中，特别是课程改革、教材建设、教学方法等方面不断探索新路。同时，合作开放办学迈上新台阶，国际合作、省际合作和与港澳台合作不断加强，奥林匹克教育也取得了突出成绩。在教育信息化方面的深入推进，促进了首都教育的现代化建设。

二十年来，北京教育为首都建设和国家社会主义现代化建设做出巨大的贡献。各级各类教育培养了社会需要的人才；学习型城市建设提高了首都居民的文化素质，丰富了人们的精神需求；高校和教育科研机构在自然科学、哲学和社会科学、教育科学研究上硕果累累；在校企合作、校地合作、科研成果转化、志愿者服务、奥运和国家庆典等社会服务方面成绩显著；在支援边疆教育方面，北京与内蒙古、西藏、新疆、青海等省、直辖市、自治区携手并进。

《北京教育志丛书（1991—2010）》是1995年出版的《北京教育志丛书》的续篇，系统记载1991年至2010年间北京教育的历史与现状，传播首都教育工作者光辉的业绩，为广大教育工作者、为教育科学研究，提供珍贵的资料。

该丛书按教育层次分类，由《北京市学前教育志稿》《北京市基础教育志稿》《北京高等教育志稿》等多部著作组成。我们希望《北京教育志丛书（1991—2010）》的出版，能够激发首都教育工作者的社会责任感，为北京教育谱写更加灿烂的篇章。

《北京教育志丛书（1991—2010）》编委会

前　言

1991年到2010年的20年，是北京教育跨越发展的重要历史时期。回顾20年，北京教育进一步发挥了在首都经济与社会发展中的先导性、全局性、基础性的战略作用。前10年，北京市在全国率先基本普及九年义务教育、基本扫除青壮年文盲，在改革中发展，在发展中改革，完成教育普及化任务；后10年，通过实施首都教育发展战略，在全国率先基本实现教育现代化，教育对首都现代化建设的学习服务能力、人才支持能力、知识贡献能力和国际竞争能力显著增强，初步构建起与社会主义市场经济和经济社会发展要求相适应的现代教育体制和教育体系。

北京的教育水平始终位于中国教育的前列，在全国起着窗口、示范作用，辐射、服务作用，创新、领跑作用。教育投入是发展教育事业的重要物质基础，是公共财政保障的重点。北京市始终坚持优先发展教育，高度重视增加财政教育投入，先后出台了一系列加大财政教育投入的政策措施，教育投入持续增加，办学条件也在不断改善。这些年来，北京市全市人均教育经费和各级各类教育生均教育经费显著提高。全市中小学基本实现信息化。教师学历水平和教学水平不断提高。各级各类学校基础设施、教学条件和校园环境不断改善。财政对教育的投入连年攀升，市级转移支付向远郊区（县）倾斜。严格落实法定增长要求，切实提高财政教育支出占公共财政支出比重。拓宽经费来源渠道，多方筹集财政性教育经费。合理安排使用财政教育经费，切实提高资金使用效益。

面对新的形势和任务，为人民提供更满意的教育服务，有效促进现代化的进一步发展，《北京市教育经费投入分析（1991—2010）》对1991—2010年北京市教育投入状况进行了全面的梳理与总结，目的是全面了解1991—2010年北京市教育资源的配置状况，为之后进行教育投入、进一步落实各级政府的法律责任和义务提供借鉴。

借鉴国内外教育财政和投入的研究成果，结合北京市教育发展的实际，《北京市教育经费投入分析（1991—2010）》梳理了北京市各级教育投入的规模、来源和使用结构的情况。通过整理历年北京市在这三个方面的政策文件，采用数据来分别说明教育投入在规模、来源和使用结构三个方面的情况，并且补充各级教育投入的大事件，可以更好地了解北京市教育投入的状况。历年的数据均选取公开出版的《北京区域统计年鉴》《北京统计年鉴》《中国教育经费统计年鉴》《全国教育经费执行情况统计公告》。

本书第一章到第八章分别介绍了教育投入的具体指标、北京市教育总体投入和学前教育、义务教育、普通高中教育、中等职业教育、高等教育等各阶段的教育投入相关情况以及教育经费的管理，在第九章中介绍了北京市各区（县）教育投入情况。

因为我国公开出版的教育经费数据从1995年开始统计，故本书数据分析从1995年开始。

目　录

第一章　教育投入的内容与指标

教育投入主要涉及经费规模、筹措、分配、使用和管理问题。教育投入既为教育发展提供了必要的物质基础，也为教育发展提供了有力的制度化保障。从公共事业的角度来看，教育投入必须考虑公平与效率的原则。

在教育投入的总量上，常用“两个比例”和“三个增长”指标进行评价。“两个比例”分别为财政性教育经费占 GDP 的比例和财政支出中教育经费所占比例；“三个增长”分别为：中央和地方政府财政预算内教育拨款的增长要高于同级财政经常性收入的增长；在校学生人均教育费用要逐年增长；保证教师工资和学生人均公用经费逐年有所增长。

教育经费的来源结构主要关注政府财政性教育经费和其他经费所占的比例，考察政府的教育投入努力程度。

教育经费的使用则考虑各种不同性质的经费使用是否合理，能否发挥资金的使用效益。具体指标说明如下。

第一节　教育投入规模指标

一、教育经费总投入

教育经费总投入为某一地区用于教育的各项经费的总和，代表该地区投入教育的经费总量。

教育总投入包括国家财政性教育经费，社会团体和公民个人办学经费，社会捐（集）资经费，事业收入及其他教育经费。

二、财政性教育经费占 GDP 的比例

财政性教育经费占 GDP 的比例是用来衡量国家或地区财政对教育投入规模的重要参考指标。财政性教育经费占 GDP 的比例这一指标对教育投入的衡量有着丰

富的理论和实践意义。我国财政性教育经费的构成主要包括四个部分（见表 1-1）。

表 1-1 财政性教育经费主要构成部分一览表

财政预算内教育经费	中央和地方各级财政或上级主管部门在本年度内安排，并划拨到教育部门和其他部门主办的各级各类学校、教育事业单位，列入国家预算支出科目的教育经费
各级政府征收用于教育的税费	中央和地方各级政府为发展教育事业而指定机关专门征收，并划拨给教育部门使用的实际数额
企业拨款	中央和地方所属企业在企业营业外资金列支或企业自有资金列支而拨给所属学校的经费
校办产业、勤工俭学以及社会服务用于教育的部分	校办产业、勤工俭学和社会服务收入中用于补充教育经费的部分以及在教学、科研及其辅助活动之外，开展非独立核算经营活动取得的收益用于补充教育经费的部分，即经营收入的结余、附属单位交款和其他收入中对校办产业投资收益之和

财政性教育经费占 GDP 的比例的指标在国内的提出是在 20 世纪八九十年代。改革开放以后，中国经济迅速发展，大力发展教育事业也成为社会的共识。但与此同时，教育事业发展所必需的经费却无法得到保障，严重阻碍了教育事业的发展。为了解决教育事业急切的发展需求以及教育经费严重不足的矛盾，教育财政相关方面的研究成了重中之重。一系列课题研究得出的主要结论有：一国教育投资的总量必然受到其经济发展水平的制约；随着经济发展水平的提升，教育投资占国民收入的比例会相应提高；公共教育支出占 GDP 比例是公共教育投入的重要衡量指标，且被国际社会广泛应用。由于当时国际上财政性教育经费占 GDP 比例的平均水平在 4% 左右，于是有专家组结合我国财政性教育经费的情况及 GDP 的增长预期，提出了 20 世纪末该比例应达到 3.87% 的建议。在此基础上，中央综合各方面因素提出了到 20 世纪末达到 4% 的目标。

1993 年，中共中央、国务院发布《中国教育改革与发展纲要》（以下简称“《纲要》”），第一次以重要政策性文件的形式提出财政性教育经费占 GDP 的比例这一指标。在《纲要》的第六部分教育经费部分中提出“逐步提高国家财政性教育经费支出占国民生产总值的比例，本世纪末达到 4%”。随着《纲要》中提出这一指标之后，在其后的相关教育文献中又被不断提及。1995 年 3 月，《中华人民共和国教育法》颁布，规定：“国家财政性教育经费支出占国内生产总值比例应当随着国民经济的发展和财政收入的增长逐步提高。”2010 年 7 月，《国家中长期教育改革和发展规划纲要（2010—2020 年）》中提出“提高国家财政性教育经费支出占国内生产总值比例，2012 年达到 4%”。

自 4% 的目标被提出来以后，我国不断为这个目标做出努力，力求早日实现这一目标。影响这一目标实现的主要有经济发展水平、财政收入能力、财政体制安排等因素。北京市经济发展水平位于全国前列，同时北京市对教育的投入也领先于全国大部分地区。在2012年,财政性教育经费占GDP的比例达到4%的全国目标已实现。

三、预算内教育经费占财政支出的比例

预算内教育经费占财政支出的比例也是学界用来衡量某级政府的教育投入努力程度的常用指标之一。预算内教育经费通常包括公共预算教育经费以及各级政府征收的教育附加费。

教育投入中的“三个增长”指标具体就是指要做到:（1）预算内教育经费（不包括城市教育费附加）的增长速度高于经常性财政收入的增长速度；（2）各级教育生均预算内事业费支出逐年增长;（3）各级教育生均预算内公用经费逐年增长。“三个增长”指标全面反映了各级政府教育投入努力程度。一般来说，在以“三个增长”作为指标衡量某地政府教育投入努力程度时，首先要看这几个比例的增长是否为正向，其次要看增长的幅度有多少，综合起来可以较为全面、客观地评价教育投入努力程度。

第二节　教育经费来源结构指标

根据教育经费的实际来源情况以及《中国教育经费统计年鉴》的统计方法，在统计各级、各类教育经费收入时，其构成结构如表 1–2 所示。

教育经费主要统计指标一览表

表 1–2

一级指标	二级指标
公共财政预算教育经费	教育事业费拨款
	基本建设拨款
	科研拨款
	其他拨款
各级政府征收用于教育的税费	教育费附加
	地方教育费附加
	地方基金
企业办学中的企业拨款	
校办产业和社会服务收入用于教育的经费	民办学校中举办者的投入
	社会捐赠经费
	事业收入

以上是常用的教育经费收入统计指标，本书总体用一级指标来对各级、各类教育进行统计和描述，在涉及比较重要的二级指标时，单独列出来描述，比如高等教育中的科研拨款是一项十分重要的衡量指标。在早期的统计过程中，民办学校中举办者的投入以及企业办学中的企业拨款这两项指标没有被统计在内，并且这两项收入一般占的比例也非常小，所以将这两项放入“其他收入”这一栏中。因此，在统计教育经费收入时，主要统计：公共财政预算教育经费、各级政府征收用于教育的税费、校办产业和社会服务收入用于教育的经费、社会捐赠经费、事业收入和其他来源的经费。

在统计教育经费收入过程中，首先统计的是历年各级、各类教育的经费收入数量，然后统计各级、各类教育各项收入来源占当年总的教育经费收入的比例。通过数额与比例两个方面来对北京市各级、各类教育经费收入情况进行解读。

第三节　教育经费使用结构指标

在教育经费使用结构指标的衡量中，一般的情况是对预算内教育经费支出进行统计，根据实际支出的情况以及《中国教育统计年鉴》中统计指标的情况，在统计教育支出时，其统计指标如图1–1所示。

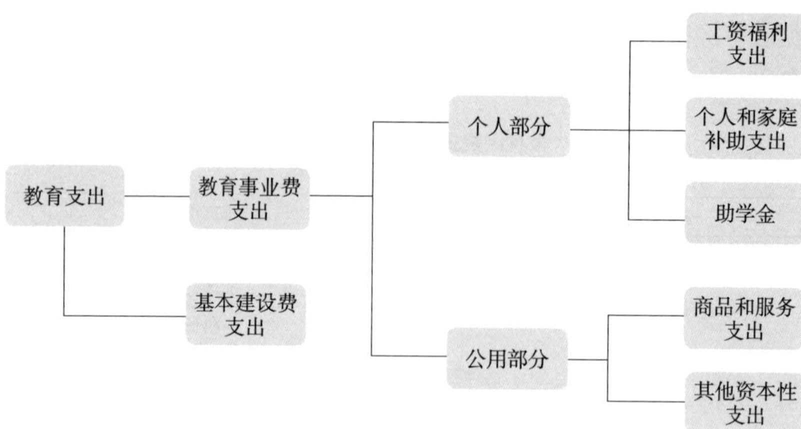

图1–1　教育支出主要统计指标示意图

在统计北京市预算内教育财政支出情况时，主要统计教育事业费支出以及基本建设支出两个方面的数额，其中教育事业费中区分个人部分经费以及公用部分经费。

在具体的统计中，首先将介绍预算内教育事业费和基本建设费各自的支出和所占的比例，以便于确定总体的预算内教育费用使用结构；其次，由于在大部分情况中，教育事业费往往占到预算内教育支出的大部分数额，因此还将探讨个人部分和公用部分分别在教育事业费中所占的比例。

第二章　北京市教育投入概况

第一节　教育投入规模

从 1991 年到 2010 年，国家以及北京市有关部门非常重视教育投入规模，不断出台相关文件保证教育投入规模的发展。

1993 年，中共中央、国务院印发《中国教育改革与发展纲要》（以下简称《纲要》），其中的教育经费一章明确提出“改革和完善教育投资体制，增加教育经费”，认为增加教育投资是落实教育战略地位的根本措施，各级政府、社会各方面和个人都要努力增加对教育的投入，确保教育事业优先发展。

同时，在《纲要》中指出要逐步提高国家财政性教育经费支出（包括：各级财政对教育的拨款，城乡教育费附加，企业用于举办中小学的经费，校办产业减免税部分）占国民生产总值的比例，20 世纪末达到 4%，提出中央和地方政府教育拨款的增长要高于财政经常性收入的增长，要提高各级财政支出中教育经费所占的比例，“八五”期间逐步提高到全国平均不低于 15%。

该文件既为以后逐渐形成的“教育投入以财政投入为主，通过多种渠道筹措教育经费”的体制打下基础，同时也提出了多个切实可行的教育投入目标，使教育投入的增长有了努力的方向。

1995 年，第八届全国人民代表大会第三次会议通过《中华人民共和国教育法》（以下简称《教育法》），以立法的形式提出要逐步增加对教育的投入，保证国家举办的学校教育经费的稳定来源，并提出国家财政性教育经费支出占国民生产总值的比例应当随着国民经济的发展和财政收入的增长逐步提高。具体比例和实施步骤由国务院规定。全国各级财政支出总额中教育经费所占比例应当随着国民经济的发展逐步提高，且各级人民政府教育财政拨款的增长应当高于财政经常性收入的增长。

1997 年，北京市人民政府办公厅印发《北京市教育事业发展“九五”计划和 2010 年长远规划》，指出增加教育投入，逐步提高财政性教育经费支出在国内生产总值中所占的比例。教育经费要做到"三个增长"，即各级政府教育拨款的增长高于财政经常性收入的增长；生均教育经费逐年增长；教师工资性收入和学生生均公用教育经费逐步增长。

1998 年，在《面向 21 世纪教育振兴行动计划》中指出依法保证教育经费的"三个增长"，切实增加教育的有效投入，具体为：各级财政要认真落实已出台的筹措教育经费的各项法律规定和政策，特别是要保证做到《教育法》规定的教育经费的"三个增长"（即各级政府教育财政拨款的增长要高于同级财政经常性收入的增长，在校学生人均教育经费逐步增长，教师工资和学生人均公用经费逐步增长）。要按照《教育法》和《纲要》的规定，逐步提高国家财政性教育经费占国民生产总值的比例，努力实现 4% 的目标。

1999 年，中共中央、国务院发布的《关于深化教育改革，全面推进素质教育的决定》中提出，努力采取有效措施，切实加大教育投入，逐步实现国家财政性教育经费支出占国民生产总值 4% 的目标。在该文件中，指出各级人民政府必须按照《教育法》的规定，确保教育经费有较大增长。中央决定，自 1998 年起至 2002 年的 5 年中，提高中央本级财政支出中教育经费所占的比例，每年提高 1 个百分点。各省、自治区、直辖市人民政府也要根据本地实际，增加本级财政中教育经费的支出。要进一步依法加强城乡教育费附加的征收和管理，农村教育费附加实行乡征、县管、乡用，确保完全用于教育。这一系列规定强有力地落实和保障了地方教育经费的增长。在 1999 年北京市教育委员会工作要点中指出，依法加大教育投入力度，切实落实教育经费"三个增长"。加强城乡教育事业费附加足额征收和管理工作。对非义务教育阶段的教育实行合理收费，吸引社会团体和公民个人兴办学校和支持教育。

2001 年，北京市人民政府办公厅推出了《北京市人民政府贯彻国务院关于基础教育改革与发展决定的意见》，文件提出：制定九年义务教育投入保障办法，依法保证各级政府对义务教育的投入。市级财政要通过以市级教育费附加转移支付、安排专项经费等方式，加大对基础教育的支持，特别要向经济实力较弱地区适度倾斜。区（县）政府要确保财政用于中小学教育事业费的增长比例高于财政经常性收入的增长比例，从 2001 年起，农村中小学教师工资的发放由区（县）政府统一管理。 各级政府要把农村中小学建设列入基础设施建设的统一规划，统筹安排相应的校舍建设资金。乡（镇）、村对新建、扩建校舍所需土地，应按照有关规定及时进行划拨。

2001 年，教育部发布《全国教育事业第十个五年计划》，对教育经费的增长提出了具体的目标。指出中央本级财政教育经费占本级财政支出比例的增加，建议仍坚持“九五”后三年的做法。2001 年和 2002 年每年继续提高一个百分点，同期，省级政府本级财政支出中教育经费的比例也应比照中央的做法不断增长。建议研究制定《教育经费保障法》，依法做到教育经费的“三个增长”，到 2005 年国家财政性教育经费支出占国内生产总值（GDP）的比例达到 4%，到 2010 年应进一步提高。

2004 年，国务院转批通过教育部起草的《2003—2007 年教育振兴行动计划》，其中提到，各级人民政府教育财政拨款的增长应当高于财政经常性收入的增长，并使按在校学生人数平均的教育费用逐步增长，逐步形成与社会主义市场经济体制相适应的、满足公共教育需求的、稳定和可持续增长的教育投入机制。其中，在有关学生补助的部分提到完善国家和社会资助家庭经济困难学生的制度，形成以政府投入为主，进一步健全对家庭经济困难学生的助学体系。对义务教育阶段家庭经济困难的学生，要进一步完善和落实助学政策与措施。在高等学校，切实贯彻国家制定的奖学金、学生贷款、勤工助学、学费减免、特殊困难补助等资助困难学生的政策，大力推进国家助学贷款工作。继续动员和鼓励社会团体和个人对家庭经济困难学生，开展多种形式的资助活动。

2005 年，为贯彻落实中共十六大、十六届三中全会和市九次党代会精神，进一步推动首都教育改革与发展，北京市委、市政府召开了全市教育大会。大会制定的《首都教育 2010 年发展纲要》对教育投资体制改革提出了新的目标与要求：加大教育投入，提高资金使用效益。在实现教育经费投入总量稳步增长、确保“三个增长”的基础上，2008 年财政性教育经费占国民生产总值的比例提高到 4.5%，预算内教育经费占财政支出的比例逐年增长。

2006 年，市财政局出台《北京市“十一五”时期公共财政发展规划》，提出要增加社会公共事业投入，促进经济社会协调发展：“十一五”期间，市与区（县）两级政府要明确支出责任，保证义务教育的投入。在确保教育投入依法增长的基础上，调整结构，重点向郊区倾斜、向农村义务教育倾斜、向基础薄弱区（县）及学校以及困难群体倾斜。重点支持农村义务教育中急需的、突出的、薄弱问题和环节。

在 2006 年年末，北京市教育委员会、北京市发展和改革委员会推出《北京市“十一五”期间教育发展规划》，在规划中提出，到 2008 年，北京市将累计投入 40 亿元用于支持农村教育；“十一五”期间，新增教育经费 70% 投向农村，主要用于改善农村办学条件和师资培训。对于教育经费，规划中提出要加大经费投入，提高使用效益，主要体现在完善和规范以政府财政性投入为主、多渠道筹措教育经费的教育投入体制。进一步修订完善《普通教育事业公用经费定额标准》，不断增强义务教育经费保障能力。

2007 年，国务院以正式函文同意教育部制定的《国家教育事业发展“十一五”规划纲要》。在该文件中，又一次明确了各级政府提供教育公共服务的职责，并按照建立公共财政体制的要求，将教育列入公共财政支出的重点领域。各级政府要依法落实教育经费的“三个增长”，财政年度预算和执行结果都要达到教育经费支出的法定增长水平，并确保财政性教育经费增长幅度明显高于财政经常性收入增长幅度，逐步使财政性教育经费占国内生产总值的比例达到 4%。

2010 年推出的《国家中长期教育改革和发展规划纲要（2010—2020 年）》中，对教育投入做出这样的要求：各级政府要优化财政支出结构，统筹各项收入，把教育作为财政支出重点领域予以优先保障。严格按照教育法律法规规定，年初预算和预算执行中的超收收入分配都要体现法定增长要求，保证教育财政拨款增长明显高于财政经常性收入增长，并使按在校学生人数平均的教育费用逐步增长，保证教师工资和学生人均公用经费逐步增长。按增值税、营业税、消费税的 3%足额征收教育费附加，专项用于教育事业。提高国家财政性教育经费支出占国内生产总值比例，2012 年达到 4%。

2010 年，北京市发布《北京市中长期教育改革和发展规划纲要（2010—2020 年）》，在规划纲要中，对依法增加教育投入、拓宽经费筹措渠道等做出了要求。具体表现为：各级政府要优化财政支出结构，继续把教育作为财政支出重点领域予以优先保障。严格按照教育法律法规规定，年初预算和预算执行中的超收收入分配体现法定增长要求。各级政府教育财政拨款增长应高于财政经常性收入的增长，并使按在校学生人数平均的教育费用逐步增长，保证教师工资和学生人均公用经费逐步增长。落实国家有关加大教育投入的税收政策。到 2012 年确保全市财政教育支出占财政支出比例实现国家分解任务目标，并保持稳定增长。

以上相关文件切实保证了北京市教育投入规模的稳步发展，为北京市不断发展教育事业打下坚实基础。

第二节　北京市教育经费总量发展状况

从 1998 年到 2010 年之间，北京市地方教育经费收入总量不断增长。教育经费数额从 1998 年的 74 亿元左右上升到 2010 年的接近 600 亿元，教育经费在这十几年内出现了数额上的巨大增长。从教育经费每年的增长情况来看，每一年的教育经费都有所增加，其增长速度每一年都保持在 10% 以上，增速快且比较稳定。其中 2000 年、2001 年、2007 年增速均超过 20%（见表 2–1）。

表 2–1　1998—2010 年北京市地方教育经费收入总量发展情况一览表

单位：千元、%

年份	总量	增长数额	增长幅度
1998	7433625		
1999	8635453	1201828	16.17
2000	11187407	2551954	29.55
2001	14020409	2833002	25.32
2002	16518784	2498375	17.82
2003	19347905	2829121	17.13
2004	22627556	3279651	16.95
2005	26765585	4138029	18.29
2006	31412454	4646869	17.36
2007	40187615	8775161	27.94
2008	45781808	5594193	13.92
2009	51780478	5998670	13.10
2010	59816239	8035761	15.52

资料来源：历年《中国教育经费统计年鉴》

从 1995 年到 2010 年，北京市的 GDP 与财政性教育经费的发展情况良好，二者在增长速度方面都比较可观。财政性教育经费的数额从 1995 年的 35 亿元增长到 2010 年的超过 500 亿元。说明随着北京市经济的发展，教育事业得到了有关部门的高度重视，财政性教育经费随着 GDP 的增长而不断增加。虽然财政性教育经费占 GDP 的比例一直在增长，但是直到 2010 年，其占比也只有 3.64%，距离占 GDP4% 的目标还有一定的距离（见表 2–2）。一方面，由于发展的基础比较低，在 1995 年只有 2.33%，尽管财政性教育经费占 GDP 的比例在不断提高，但是增长的速度比较稳定；另一方面，财政性教育经费占 GDP 比例的增长与很多因素相关，很重要的一个因素就是与政府的财政收入能力有关，因此提升这一比例也并非是单纯地重视教育投入所能够做到的。

表 2-2　1995—2010 年北京市 GDP 与财政性教育经费发展情况一览表　单位：百万元

年份	GDP	财政性教育经费总量	财政性教育经费占 GDP 的比例（%）
1995	150770.000	3515.057	2.33
1996	178920.000	4483.485	2.51
1997	207710.000	5547.679	2.67
1998	237720.000	5851.349	2.46
1999	267880.000	6964.078	2.60
2000	316170.000	9026.205	2.85
2001	370800.000	10983.927	2.96
2002	431500.000	12286.907	2.85
2003	500720.000	14263.144	2.85
2004	603320.000	17496.918	2.90
2005	696950.000	21187.957	3.04
2006	811780.000	25422.810	3.13
2007	984680.000	31759.749	3.23
2008	1111500.000	38330.678	3.45
2009	1215300.000	43326.976	3.57
2010	1411360.000	51365.801	3.64

数据来源：历年《北京统计年鉴》和《中国教育经费统计年鉴》

教育经费支出占公共财政比例这一数据比较直观地反映了政府将公共财政收入用于教育的比例以及政府对教育的重视程度。数据显示，从 1995 年到 2010 年，北京市教育经费支出占公共财政的比例保持在 18% ~ 20%，大幅超过了《纲要》中提到的 15% 的平均水平目标，说明在这一时间段，北京市政府大力重视教育投入，充足的教育经费同时也保证了这一时期各阶段教育的快速发展（见图 2-1）。

从北京市公共财政教育支出与财政经常性收入增长幅度的比较数据可以看出，除了 2009 年北京市公共财政增长速度低于北京市财政经常性收入增长速度以外，其他年份北京市公共财政教育支出的增长速度都高于北京市财政经常性收入的增速，这说明北京市在财政支出方面的积极性和重视程度都比较高。1995 年、1999 年、2000 年以及 2003 年，北京市公共财政教育支出都超过北京市财政经常性收入 10 个百分点以上（见图 2-2）。

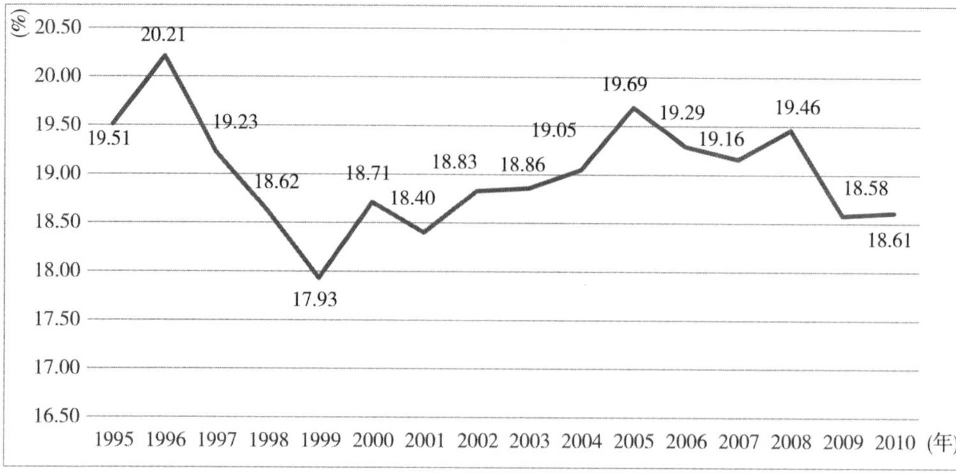

图 2-1　1995—2010 年北京市公共财政教育支出占公共财政支出比例示意图

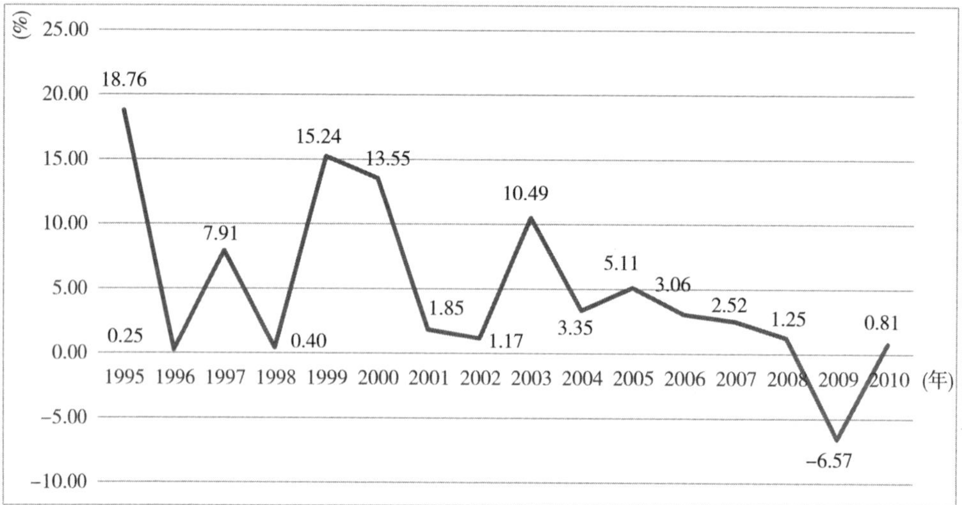

图 2-2　1995—2010 年北京市公共财政教育支出与财政经常性收入增长幅度比较示意图

从 2004—2010 年北京市各区（县）教育经费支出数据可知，各区（县）教育经费支出都得到大幅度增加，可知各区（县）在不断加大对各级教育的经费投入，推动其教育的发展。其中在 2004 年，海淀区的教育经费支出最高，为 97547 万元，石景山区的教育经费支出最低，为 17501 万元，海淀区的教育经费支出是石景山区的 6 倍左右，两者存在较大差距；在 2010 年，西城区的教育经费支出最高，为 415368 万元，门头沟区的教育经费支出最低，为 57824 万元，西城区的教育经费支出是门头沟区的 7 倍，两者差距仍较大（见表 2-3 和图 2-3）。

2004—2010 年北京市各区县教育经费支出情况一览表

表 2-3　　　　　　　　　　　　　　　　　　　　　　　　　　单位：千元

区（县）＼年份	2004	2005	2006	2007	2008	2009	2010
东城区	400340	467010	775990	879570	1207800	1438370	2495320
西城区	463690	501670	885920	1149060	1018360	1623100	4153680
崇文区	237690	256580	409170	503590	720980	914970	
宣武区	272300	290770	444140	594050	762590	881610	
朝阳区	799810	974830	1737130	2363920	2755970	3149110	3789670
丰台区	512970	600300	857270	1048480	1211200	1414310	1679120
石景山区	175010	189350	301530	346250	404870	528460	635980
海淀区	975470	1204940	1758430	2198790	2714780	3224400	3900910
门头沟区	175710	221910	312360	374540	466800	476420	578240
房山区	428520	490350	687380	908470	964430	1177130	1552840
通州区	317720	359620	568500	661750	695270	787040	1111180
顺义区	354860	406510	622080	780400	890750	1014850	1449320
昌平区	303740	390810	629950	667630	838270	923350	960230
大兴区	394150	438030	686590	752650	811740	1102450	1344530
怀柔区	259210	265400	383390	461410	609940	620780	717980
平谷区	269340	284030	389560	475480	521450	672770	1028260
密云县	271180	312350	462990	535250	607520	712060	845320
延庆县	213300	244880	343420	386600	510130	591460	739100

资料来源：历年《北京区域统计年鉴》，因为 2003 年之前的数据在年鉴中未给出，所以从 2004 年开始梳理；并且因为 2010 年北京市政府将崇文区和宣武区分别并入东城区和西城区，因此该项为空

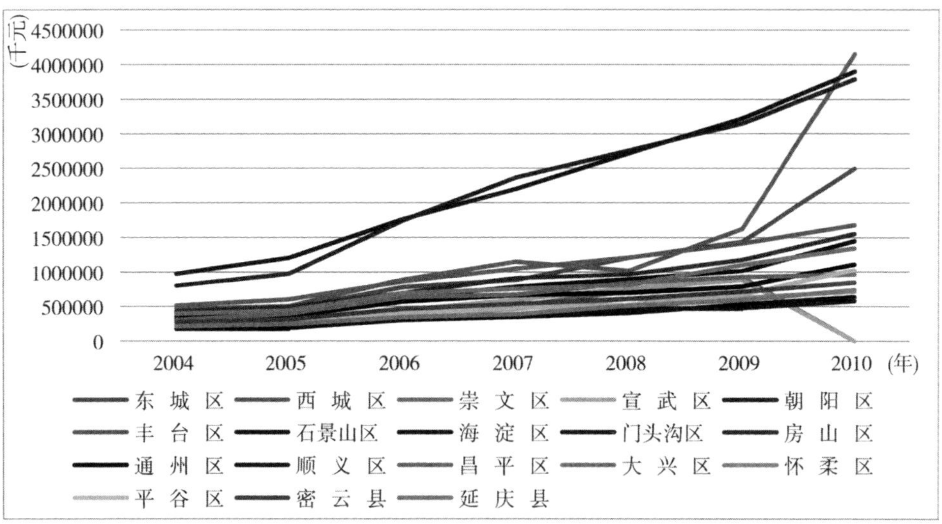

图 2-3　2004—2010 年北京市各区（县）教育经费支出状况示意图

由图 2-3 可知，在 2004—2010 年，北京市各区（县）的教育经费支出都呈现逐渐增长的趋势，其中海淀区和朝阳区的教育经费支出较高且增幅较大，两者教育经费支出的差距较小。此外，由于在 2010 年北京市政府将崇文区与宣武区分别并入东城区与西城区，使得东城区和西城区的教育经费支出在 2010 年增幅较大，且西城区的增长幅度高于东城区，在 2010 年，西城区的教育经费支出超过海淀区和朝阳区，教育经费支出排在各区（县）的第一位。

第三节　教育经费来源

1993 年颁布的《纲要》提出，要逐步建立以国家财政拨款为主，辅之以征收用于教育的税费、收取非义务教育阶段学生学杂费、校办产业收入、社会捐资集资和设立教育基金等多种渠道筹措教育经费的体制。通过立法，保证教育经费的稳定来源和增长。

1995 年《教育法》以立法的形式正式提出国家建立以财政拨款为主、其他多种渠道筹措教育经费为辅的体制。

1997 年，北京市政府印发《北京市教育事业发展“九五”计划和 2010 年长远规划》，指出收好、用好城乡教育费附加、地方社会事业建设费，扩大教育经费来源渠道。依照法律，企业要保证本单位职工和准备录用的人员进行职业教育的费用，并保证按工资总额的 1.5% 提取和使用职工教育经费费用。积极发展校办产业，不断增加对教育经费的补充。适时调整义务教育学生杂费标准、非义务教育学生学杂费标准。积极争取国内外各界人士捐资助学，使市、区（县）人民教育基金有较大幅度的增加。

1999 年，北京市出台《中共北京市委、北京市人民政府关于深化教育改革全面推进素质教育的意见》，提出要改革教育投资体制。在进一步发挥政府投入主渠道作用、努力增加财政性教育经费的同时，积极开拓社会各方面向教育投入的渠道。要鼓励企业、事业单位、社会团体和公民个人投资教育；鼓励和吸引金融机构按市场运作机制介入教育的建设和发展；继续鼓励和支持校办产业的发展；改革非义务教育收费办法，实行教育成本合理分担；进一步加强对城乡教育费附加和有关的教育附加费的征收和管理，做到足额征收、合理使用。在按成本比例增加非义务教育收费的同时，建立和完善教育储蓄、教育保险、教育贷款、贷款助学和奖学金制度。

2001 年发布的《北京市人民政府贯彻国务院关于基础教育改革与发展决定

的意见》中提出，要完善以政府投入为主，多种渠道筹措教育经费的基础教育投入体制。制定九年义务教育投入保障办法，依法保证各级政府对义务教育的投入。市级财政要通过以市级教育费附加转移支付、安排专项经费等方式，加大对基础教育的支持，特别要向经济实力较弱地区适度倾斜。区（县）政府要确保财政用于中小学教育事业费的增长比例高于财政经常性收入的增长比例，市级财政用于教育的转移支付资金要专款专用，按公用经费定额标准分年度实施计划及时足额拨付给学校，保障中小学教育教学正常运转。积极鼓励企业、社会团体和公民个人对基础教育捐资助学，捐赠者享受国家有关优惠政策。对纳税人通过非营利的社会团体和国家机关向农村义务教育的捐赠，在应纳税所得额中全额扣除。对捐助基础教育有突出贡献的单位和个人予以表彰。此外，逐步完善非义务教育的成本分担机制。要合理确定收费标准并完善调节机制。进一步健全贫困生奖、贷、助学金制度，提高普通高中宏志奖学金的奖助比例，保障弱势学生群体受教育的权利。要加强农村教育费附加的征管力度。农村教育费附加由乡（镇）政府组织征收和管理。没有落实具体征管部门或单位的，由区（县）政府加以明确。严禁通过学校向学生和家长征收农村教育费附加。积极利用银行贷款等融资手段筹集资金，加快基础教育发展。同时，进一步加强财务管理，对专项经费的立项、审批、执行进行严格管理，建立教育专项经费的文本合同制度，努力提高教育经费使用效益。

2001 年，教育部、财政部和农业部共同出台《关于继续做好农村教育费附加征收管理工作的通知》，指出向农民征收的乡统筹费中的农村教育费附加，应全额用于发展农村义务教育。在继续实行统筹提留费总量“一定三年不变”政策的基础上，其中教育费附加征收的数量和所占比例应不低于或保持 1998 年实行统筹提留费一定三年不变前的水平，具体数量和比例由各省、自治区、直辖市人民政府根据当地实际情况确定。对于家庭经济特别困难的农户，经乡级人民政府核实后应予减免。

2001 年在教育部发布的《全国教育事业第十个五年计划》中提出，要适当运用财政、金融、信贷手段发展教育事业。合理利用银行贷款，继续争取世界银行贷款项目。积极开展教育储蓄、教育保险工作。建立完善有关教育发展基金制度。此外，提出制定包括纳税率在内的有关法规和优惠政策，对纳税人通过非营利的社会团体和国家机关向农村义务教育的捐赠，在应纳税所得额中全额扣除。对勤工俭学、校办产业和为学校提供教学科研服务及后勤保障的产业，继续实行税收优惠政策。鼓励捐赠遗产用于办学。

2004 年，教育部出台了《2003—2007 年教育振兴行动计划》，对教育经费来源提出，要拓宽经费筹措渠道，建立社会投资、出资和捐资办学的有效激励机制。义务教育经费由政府承担，适当收取少量杂费；非义务教育的办学经费，以政府为主渠道，由政府、受教育者和社会共同分担。此外，要完善企业及公民个人向教育捐赠的税收优惠政策，探索企业合理分担职业教育经费的办法。扶持发展各种形式的公益性教育基金和信托基金，扩大彩票收益用于支持教育的份额。鼓励和支持学校开展勤工俭学、发展校办产业。积极鼓励和引导社会、企业和公民个人捐资助学、出资和投资办学。

2005 年，在《首都教育 2010 年发展纲要》中提出，要完善和规范以政府投入为主，多渠道筹措经费的教育投入体制，建立公共教育财政体制。同时要吸引民间资金投入，促进教育投入主体多元化。运用市场机制进行融资和盘活国有资产。探索建立新的大学拨款机制。落实国家对从事教育培训服务的免税政策和鼓励社会对教育事业捐赠的政策，支持教育基金会的发展。完善非义务教育培养成本分担机制，合理调整非义务教育收费标准。

2006 年，在北京市教委发布的《“十一五”期间北京教育发展规划》中提出，要探索符合首都实际的公共教育财政体制，建立市、区县义务教育经费投入机制，重点支持农村教育、义务教育，加大对学前教育的投入；完善高校拨款咨询委员会制度，改进生均经费和专项经费拨款办法，探索科学拨款机制；完善和规范以政府投入为主，多渠道筹措经费的教育投入体制；建立并严格执行教育财务的预决算制度，提高资金使用效益。

2007 年，在《国家教育事业发展“十一五”规划纲要》中提出，政府对义务教育负全责，逐步将义务教育全面纳入公共财政保障范围。建立和完善中央和地方政府分项目、按比例分担的农村义务教育经费保障机制。高中教育以政府投入为主，逐步增加政府对职业教育的投入力度。在政府增加对高等教育投入的同时，鼓励和引导社会资金投入，形成政府投入与社会投入相互补充的高等教育投入格局。拓宽经费来源渠道，形成多元化的教育投入体制。制订各级各类学校办学条件基本标准和生均拨款标准。完善教育财政转移支付制度。进一步落实税收优惠政策，积极鼓励企业、个人和社会团体对教育捐赠或出资办学，研究并适时出台对外商投资企业按照国民待遇原则征收教育费附加的有关政策。

2010 年，在《北京市中长期教育改革和发展规划纲要（2010—2020 年）》中提出，要完善义务教育经费保障机制，健全义务教育经费市级统筹、市与区县政府分担、管理以区县为主的体制，不断增强市政府统筹和引导力度。完善非义务教育阶段培养成本合理分担机制，根据经济发展状况、培养成本和居民可承受能力适时调整学费标准。健全以政府投资为主、多渠道筹集教育经费的体制。学前教育实行政府投入、社会举办者投入、家庭合理负担的投入机制。普通高中实行以财政投入为主、其他多种渠道筹措经费为辅的体制。中等职业教育实行政府、行业、企业及其他社会力量多渠道依法筹集经费的投入机制。高等教育实行以举办者投入为主，受教育者合理分担培养成本、学校设立基金接受社会捐赠等多渠道筹措经费的投入机制。健全公共财政对民办教育的扶持政策，市、区（县）两级政府采取经费资助和出租、转让闲置的国有资产等措施，对办学规范、特色明显的民办学校给予奖励，鼓励民办学校特色发展、可持续发展。对校企合作办学中积极参与支持实习实验和实训基地建设的企业，政府制定相应的优惠政策，给予表彰奖励。完善社会捐赠教育和学校筹款的激励机制。落实个人教育捐赠支出税收政策。鼓励社会积极捐赠，提高学校积极争取社会捐赠的意识和能力。

北京市教育投入来源状况具体数据如表 2-4 和表 2-5 所示。

1998—2010 年北京市教育经费各项来源发展情况一览表

表 2-4　　单位：千元

年份	总量	公共财政预算内经费	各级政府税费	事业费收入	校办产业	捐集资办学	其他收入
1998	7433625	4436262	693677	1157556	201280	284614	660236
1999	8635453	5347350	561425	1495855	209727	318358	702738
2000	11187407	6773901	676011		210101	479639	3047755
2001	14020409	8529928	924088	2910383	296445	302067	1057498
2002	16518784	10194096	1124710	3312304	226677	532833	1128164
2003	19347905	11764444	1310048	3957176	258734	318764	1738739
2004	22627556	14544409	1525686	4383182	228534	301864	1643881
2005	26765585	17853771	1790501	4765364	249005	295991	1810953
2006	31412454	21232230	2016602	4919276	368875	437109	2438362
2007	40187615	28765548	2251176	6891229	147745	351230	1780687
2008	45781808	34064278	2944942	6777244	144869	426403	1424072
2009	51780478	38948462	3064666	7571510	151165	536819	1507856
2010	59816239	45471241	3805826	8079997	155558	483890	1819727

资料来源：历年《中国教育经费统计年鉴》

1998—2010 年北京市教育经费各项来源占比一览表

表 2-5　　单位：%

年份	总量	公共财政预算内经费	各级政府税费	事业费收入	校办产业	捐集资办学	其他收入
1998	100.00	59.68	9.33	15.57	2.71	3.83	8.88
1999	100.00	61.92	6.50	17.32	2.43	3.69	8.14

续表 2–5

年份	总量	公共财政预算内经费	各级政府税费	事业费收入	校办产业	捐集资办学	其他收入
2000	100.00	60.55	6.04	—	1.88	4.29	27.24
2001	100.00	60.84	6.59	20.76	2.11	2.15	7.54
2002	100.00	61.71	6.81	20.05	1.37	3.23	6.83
2003	100.00	60.80	6.77	20.45	1.34	1.65	8.99
2004	100.00	64.28	6.74	19.37	1.01	1.33	7.26
2005	100.00	66.70	6.69	17.80	0.93	1.11	6.77
2006	100.00	67.59	6.42	15.66	1.17	1.39	7.76
2007	100.00	71.58	5.60	17.15	0.37	0.87	4.43
2008	100.00	74.41	6.43	14.80	0.32	0.93	3.11
2009	100.00	75.22	5.92	14.62	0.29	1.04	2.91
2010	100.00	76.02	6.36	13.51	0.26	0.81	3.04

资料来源：历年《中国教育经费统计年鉴》。因为在年鉴中没有列出北京市 2000 年教育事业费收入的状况，因此该项为空

从北京市教育经费各项来源的发展状况来看，北京市从 1998 年到 2010 年，各项来源中占比最大的始终是公共财政预算教育经费，且其占比不断提高。这说明北京市形成了以政府投入为主的教育经费投入体制。从 1998 年到 2010 年，北京市公共财政预算内教育经费的数额从 44 亿元增加到 454 亿元，大约增长了 10 倍有余，其占教育经费总额的比例从 1998 年的 59.68% 增长到 2010 年的 76.02%，政府投入的主导地位不断巩固。其他各项来源中占比比较高的是教育事业费收入，其占比在 15% ~ 20% 波动，其数额从 1998 年的 11 亿元发展到 80 亿元。各级政府的税费收入占比不断在下降，从 1998 年的 9.33% 下降到 2010 年的 6.36%。而校办产业和社会捐集资办学收入的占比在 1995 年就不高，而后一再下跌，到了 2010 年已经下跌到 1% 以下。总体来说，北京市教育形成了在确保政府投入主渠道的同时，积极拓宽社会投资渠道，形成了财、税、费、产、社、基等多渠道筹资的教育投资体制。

第四节　教育经费使用

1993 年《纲要》提出，要按在校学生人数平均的教育费用逐步增长的原则，切实保证教师工资和生均公用经费逐年有所增长。

1995 年在《教育法》中对教育经费使用提出，要使在校学生人数平均的教育费用逐步增长，保证教师工资和学生人均公用经费逐步增长。

1997 年，北京市教委与北京市财政局根据《北京市实施〈中华人民共和国义务教育法〉办法》中关于“区、县人民政府应当设立助学金，帮助贫困学生就学”的规定，共同出台《关于印发〈北京市义务教育阶段人民助学金制度〉的通知》，指出享受人民助学金的范围为全市普通初级中学、普通小学（含特殊教育学校）因家庭经济贫困就学困难的学生都可享受人民助学金。人民助学金分为甲等人民助学金和乙等人民助学金两种，甲等人民助学金为城镇地区普通中学学生平均每人每月 40 元，普通小学学生平均每人每月 30 元，农村地区普通中学学生平均每人每月 30 元，普通小学学生平均每人每月 20 元；乙等人民助学金城镇地区普通中学学生平均每人每月 30 元，普通小学学生平均每人每月 20 元；农村地区普通中学学生平均每人每月 20 元，普通小学学生平均每人每月 10 元；山区寄宿制学生平均每人每月发放伙食补助 30 元。

2001 年，在《北京市人民政府贯彻国务院关于基础教育改革与发展决定的意见》中提出，市级财政用于教育的转移支付资金要专款专用，按公用经费定额标准分年度实施计划及时足额拨付给学校，保障中小学教育教学正常运转。中小学学杂费收入全部用于补充公用经费的不足，不得用于教师工资、津贴、福利、基建等开支。

2002 年发布的《全国教育事业第十个五年计划》中提出要确保对农村义务教育的投入。中央和省级人民政府要通过转移支付，加大对贫困地区和少数民族地区义务教育的扶持力度。省级和地（市）级人民政府在安排对下级转移支付资金时，要保证农村义务教育发展的需要。地方各级人民政府要确保原来用于农村教育的投入不能减少，而且应随着教育事业的发展逐年增加，保证教师工资的按时足额发放和中小学危房的及时改造。此外，提出建立健全符合社会主义市场经济体制和政府公共财政体制的教育拨款政策和成本分担机制。地方各级政府要确保义务教育经费的投入并做到专款专用；非义务教育阶段，在坚持政府增加必要投入的同时，根据群众实际收入状况，合理调整学费在培养成本中的比例。

2004 年，北京市教委出台《关于印发〈北京市普通教育人民助学制度〉的通知》，指出享受人民助学金的为全市普通高中、职业高中、普通初中、普通小学（含特殊教育学校）因家庭经济困难就学困难的学生。人民助学金分为甲等和乙等，对于甲等助学金，普通高中、职业高中每人每月 60 元，城镇地区普通初级中学每人每月 40 元，普通小学每人每月 30 元；农村地区普通初级中学每人每月 30 元，普通小学每人每月 20 元。对于乙等人民助学金，普通高中、职业高中每人每月 40 元，城镇地区普通初级中学每人每月 30 元，普通小学每人每月 20 元；农村地区普通初级中学每人每月 20 元，普通小学每人每月 10 元。并且享受甲等助学金的寄宿学生每人每月发放伙食补助 60 元并免收住宿费；享受乙等助学金的寄宿学生每人每月发放伙食补助 30 元并酌情减免住宿费；山区寄宿制学生每人每月发放 30 元伙食补助。

在 2004 年《2003—2007 年教育振兴行动计划》中提到，要保证教师工资和学生人均公用经费逐步增长。还提出完善国家和社会资助家庭经济困难学生的制度，以政府投入为主，进一步健全对家庭经济困难学生的助学体系。对义务教育阶段家庭经济困难的学生，要进一步完善和落实助学政策与措施。在高等学校，切实贯彻国家制定的奖学金、学生贷款、勤工助学、学费减免、特殊困难补助等资助困难学生的政策，大力推进国家助学贷款工作。继续动员和鼓励社会团体和个人对家庭经济困难学生，开展多种形式的资助活动。

2005 年，在《首都教育 2010 年发展纲要》中提出，要调整和优化教育投入结构，合理分配财政性教育经费在各级各类教育中的比例，初、中等教育的经费保持在 75% ~ 80%。要通过建立规范的基础教育财政转移支付制度来加强宏观调控能力，增强对农村义务教育和弱势群体的扶持力度。市财政新增教育经费主要投向农村，落实和完善对家庭经济困难学生的“两免一补”政策。设立风险基金，解决好困难学生助学贷款问题，完善资助家庭经济困难学生制度。

2006 年，在《北京市“十一五”期间教育发展规划》中还指出，北京市本级财政在保证教育经费法定增长的前提下，新增教育经费 70% 投向农村，重点用于改善农村办学条件和师资培训，促进义务教育均衡发展；在高等教育领域，除了增加财政投入进行市属市管高校进行基础设施改造和建设、改善教学设施和办学条件外，还鼓励高校与企业联合创办经济实体，推动高校融入技术创新体系，大力促进高校科技成果转化和产业化。

2010 年，在《国家中长期教育改革和发展规划纲要（2010—2020 年）》中提出健全国家资助政策体系。各地根据学前教育普及程度和发展情况，逐步对农村家庭经济困难和城镇低保家庭子女接受学前教育予以资助。提高农村义务教育家庭经济困难寄宿生生活补助标准，改善中小学生营养状况。建立普通高中家庭经济困难学生国家资助制度。完善普通本科高校、高等职业学校和中等职业学校家庭经济困难学生资助政策体系。完善助学贷款体制机制。推进生源地信用助学贷款。建立健全研究生教育收费制度，完善资助政策，设立研究生国家奖学金。根据经济发展水平和财力状况，建立国家奖、助学金标准动态调整机制。

从北京市各阶段生均预算内教育事业费的发展状况来看，北京市在教育经费的使用遵循义务教育优先发展的原则，这与历年来发布的文件所强调的原则一致。历年来小学、初中、高中、中职以及高等学校的生均预算内教育事业费平均增长率分别为 21.72%、20.30%、15.35%、14.24%、11.02%。可以看到，基础教育的增长率要高于高等教育，而在基础教育中，义务教育的增长幅度要高于其他阶段的教育。从总体来看，1998 年普通初中、职业中学以及普通高等院校的预算内生均事业费出现了负增长，1999 年高中阶段的该项数据出现了负增长以外，其他年份各阶段的预算内生均教育事业费都呈现比较大的增长。义务教育阶段在 2007 年左右出现了比较大的增长，这与义务教育全面免费有关（见表 2–6 和表 2–7）。

1995—2010 年北京市各阶段生均预算内教育事业费发展情况一览表

表 2–6 单位：千元、%

年份	普通小学	普通初中	普通高中	职业中学	普通高等学校
1995	788.50	1407.04	2657.22	2282.08	7687.03
1996	998.57	1505.85	2536.29	2585.15	10010.69
1997	1237.27	2273.68	3003.39	2877.01	12127.41
1998	1311.56	2015.11	3253.52	2574.00	10965.08
1999	1493.80	2155.98	2976.94	2814.79	10966.96
2000	1915.41	2416.06	3524.18	3021.37	11151.23
2001	2437.81	2840.43	3943.99	3321.54	12730.42
2002	2891.43	3273.16	4421.89	3867.68	15146.05
2003	3348.24	3680.72	4845.39	4092.39	15806.43
2004	4163.26	4598.85	5858.71	4872.6	15809.95
2005	4619.52	5515.76	6587.17	5338.43	17036.5
2006	5401.01	7063.76	7788.41	6742.16	18228.36
2007	7316.16	10358.08	9172.68	7603	21431.73
2008	10111.51	13224.85	13870.45	11127.1	24380.4
2009	11662.02	15581.06	16312.03	13123.39	29772.87
2010	14482.39	20023.04	20619.66	15583.79	34546.43

数据来源：历年《全国教育经费执行公告》

1996—2010 年北京市生均预算内教育事业费增长率一览表

表 2–7 单位：%

年份	普通小学	普通初中	普通高中	职业中学	普通高等学校
1996	26.64	7.02	–4.55	13.28	30.23
1997	23.90	50.99	18.42	11.29	21.14
1998	6.00	–11.37	8.33	–10.53	–9.58

续表 2–7

年份	普通小学	普通初中	普通高中	职业中学	普通高等学校
1999	13.89	6.99	–8.50	9.35	0.02
2000	28.22	12.06	18.38	7.34	1.68
2001	27.27	17.56	11.91	9.93	14.16
2002	18.61	15.23	12.12	16.44	18.98
2003	15.80	12.45	9.58	5.81	4.36
2004	24.34	24.94	20.91	19.06	0.02
2005	10.96	19.94	12.43	9.56	7.76
2006	16.92	28.07	18.24	26.29	7.00
2007	35.46	46.64	17.77	12.77	17.57
2008	38.21	27.68	51.21	46.35	13.76
2009	15.33	17.82	17.60	17.94	22.12
2010	24.18	28.51	26.41	18.75	16.03

资料来源：历年《全国教育经费执行公告》

在教育经费中教师工资的增长一直是教育投入关注的重点。从 1995 年到 2010 年，北京市在教职工工资方面不断加大投入，教职工工资投入总量持续大幅上升。总量上从 1995 年的 8.8 亿元上升到 2010 年的 165.8 亿元，这十几年间北京市财政在教师工资方面的投入增幅接近 20 倍，数额的增长十分可观。另外在增幅方面，从 1999 年教师工资开始大幅度上升，除了 2005 年增幅比较小以外，其他年份的增幅都超过了 10%，其中 2000 年和 2007 年的增幅超过了 40%，2002 年的增幅更是超过了 80%，显示了北京市对提高教职工收入的重视程度。教师工资占财政性教育经费的比例在 20 世纪 90 年代始终稳定在 20% 左右，到了 2002 年以后教师工资占财政性教育经费的比例不断提高，提升到了 30% 以上（见表 2–8）。

1995—2010 年北京市生均预算内教育事业费增长率一览表

表 2–8　　单位：千元、%

时间	教职工工资	增长率	占财政性教育经费的比例
1995	879505		25.02
1996	923134	4.96	20.59
1997	1099356	19.09	19.82
1998	1142888	3.96	19.53
1999	1336102	16.91	19.19
2000	1920273	43.72	21.27
2001	2391372	24.53	21.77
2002	4363448	82.47	35.51

续表 2–8

时间	教职工工资	增长率	占财政性教育经费的比例
2003	5221579	19.67	36.61
2004	6303174	20.71	36.02
2005	6460880	2.50	30.49
2006	7288617	12.81	28.67
2007	10614332	45.63	33.42
2008	12497128	17.74	32.60
2009	13946162	11.59	32.19
2010	16578254	18.87	32.27

资料来源：历年《中国教育经费统计年鉴》

《2003—2007 年教育振兴行动计划》对学生资助部分提出要以政府投入为主，进一步健全对家庭经济困难学生的助学体系。对义务教育阶段家庭经济困难的学生，要进一步完善和落实助学政策与措施。在高等学校，切实贯彻国家制定的奖学金、学生贷款、勤工助学、学费减免、特殊困难补助等资助困难学生的政策，大力推进国家助学贷款工作。继续动员和鼓励社会团体和个人对家庭经济困难学生开展多种形式的资助活动，牢固树立勤俭办教育事业的思想。

在北京市推出的《北京市“十一五”时期教育发展规划》中，对助学系统方面提出：全面加强和改进国家助学贷款工作，解决好困难学生助学贷款问题，完善资助家庭经济困难学生制度；进一步完善对入园儿童经济困难家庭保育费减免制度。

《首都教育 2010 年发展纲要》中提出，在学生资助方面，要继续加大对贫困生的救助力度，落实并完善对家庭困难学生的“两免一补”政策，建立健全多元化助学体系，完善国家助学贷款制度，继续落实对贫困学生发放物价补贴的政策。

从 1995 年到 2010 年的大部分时间内，北京市奖、贷助学金的数额基本上较前一年增长。其中出现比较大增幅的年份有 1996 年、2000 年以及 2007 年，其中 1996 年的增幅达到了 263%，为历年最高。其后进入 21 世纪后，北京市奖、贷助学金的金额处于稳步上升的过程。2007 年又一次迎来比较大的增长，这与北京市发布的“十一五”教育规划有一定的关系，随后在 2008 年和 2009 年，该项目的金额出现了小幅回落（见表 2–9）。总体来说，北京市越来越重视家庭贫困学生的上学权利，并进一步为优秀学子提供相应的奖学金。这符合近年来一些文件对教育公平以及教育财政使用效率的要求。

1995—2010 年北京市奖、贷助学金数额发展情况一览表

表 2-9 单位：千元、%

年份	奖、贷助学金	增长幅度
1995	64441	
1996	234104	263.28
1997	86350	–63.11
1998	96286	11.51
1999	116041	20.52
2000	165510	42.63
2001	189734	14.64
2002	216331	14.02
2003	244461	13.00
2004	273123	11.72
2005	291582	6.76
2006	333616	14.42
2007	613753	83.97
2008	540334	–11.96
2009	533893	–1.19
2010	596473	11.72

资料来源：历年《中国教育经费统计年鉴》

第三章　北京市学前教育投入

学前教育是基础教育的奠基，是教育事业发展的重要组成部分。近年来有众多的研究表明，学前阶段对孩子智力的发展和性格养成有着重要的影响作用。有研究表明，学前期是人的社会性行为、情绪情感、性格和认知等方面发展的关键期，也是人的一生中发展速度最快、可塑性最强的时期。同时，学前教育也对整个社会有极大的公益性，能为受到教育的适龄儿童（及其直系亲属）之外的其他社会成员带来经济和非经济的收益，而且这种教育收益是为大多数甚至全体公民无排他性地享有的。因此无论是对个人、家庭和社会，学前教育都显得非常重要。因此学前教育的发展问题需要得到关注。

但是由于学前教育并没有纳入义务教育体制中来，学前教育发展始终很难得到保障。学前教育发展的首要问题便是学前教育财政投入问题。对于学前教育的财政投入的现状是衡量对学前教育关注度的重要参考依据。

从 20 世纪八九十年代以来，我国学前教育财政体制形成“条块结合，以块为主”的学前教育财政体制，后来经过教育体制改革，形成以镇为主的学前教育财政体制，随着 90 年代财税制改革，学前教育逐渐形成“地方负责，分级管理，以县为主”的新体制，这个体制一直延续至今。

北京市一直非常重视学前教育的发展，在学前教育投入上也一直走在全国前列。北京市学前教育投入可以分为两个阶段，20 世纪 90 年代，北京市学前教育基本上跟随国家学前教育发展趋势，逐步稳健发展；进入 21 世纪以后，在跟随国家发展步骤的基础上，北京市有关部门开始明确思路，重视多渠道发展学前教育，逐渐形成了公办园与民办园共举、一同发展北京市学前教育的局面。以下将结合相关政策以及有关数据，从北京市学前教育投入规模发展状况、经费来源状况以及经费使用状况三个方面来讨论北京市学前教育投入的发展状况。

第一节　学前教育投入规模

1992 年在国务院发布《九十年代中国儿童发展规划纲要》中，对 20 世纪 90 年代学前教育事业发展做出了重要规划。该文件对我国学前教育在当时的发展现状做出了分析，指出了我国不少地区学前教育办学条件差、师资数量和水平还不能满足需要、未入学适龄儿童中 80% 以上是女儿童等问题，同时指出在不少地区不同程度地存在着经费不足的困难。针对学前教育存在的问题，该文件指出积极发展学前教育，坚持“动员社会力量，多渠道、多形式地发展幼儿教育”的方针。城市入园（班）率达 70%；农村学前一年幼儿入园（班）率达 60%；在经济不发达的农村和人口居住分散、交通不便的山区、牧区要利用多种形式进行学前教育。在助学方面，对经济不发达地区儿童的生存、保护和发展给予特殊支持。继续实施“希望工程”，帮助家庭经济困难的儿童就学。

1994 年，国务院发布的《关于中〈国教育改革和发展纲要〉的实施意见》中，对学前教育提出大中城市基本满足幼儿接受教育的要求，并提出广大农村积极发展学前一年的教育，这在一定程度上加大了各地对学前教育财政投入的要求。

1996 年，国家教委发布《幼儿园工作规程》，将幼儿园的地位由原来的“学校教育的预备阶段”提升到“基础教育的有机组成部分，学校教育制度的基础阶段”，这在一定程度上提高了幼儿园的办学地位，有利于加大对学前教育的财政投入。

1996 年，北京市政府按照国务院《九十年代中国儿童发展规划纲要》的要求，颁布了《北京市儿童工作“九五”发展规划》，该文件指出要充分利用北京市的资源优势，来积极推动北京市学前教育事业的发展。

1997 年，国家教委印发《全国幼儿教育事业“九五”发展目标实施意见》，提出了“九五”期间幼儿教育事业发展的指导思想、总目标、具体目标及实现目标的措施。实施意见提出要拓宽幼儿教育经费渠道，加大投入力度。

2001 年，教育部颁布《幼儿园教育指导纲要试行》，对幼儿园的教育性质进行了定位，强调了幼儿教育是我国学校教育和终身教育的奠基阶段，要为幼儿一生的发展打好基础，已经并将继续对我国幼儿园教育的发展起极大的推动作用。在 2001 年北京市出台的《北京市学前教育条例》中指出各级人民政府应当安排学前教育专项经费，主要用于开展有关的教育改革、评价、表彰、培训和扶助远郊经济不发达地区发展学前教育，任何组织和个人不得挪用和克扣。

2003 年，国务院批准教育部等部门（单位）颁发的《关于幼儿教育改革与发展的指导意见》，在这份文件中，对学前教育投入提出了地方各级人民政府要积极采取措施，加大对幼儿教育的投入，做到逐年增长。县级以上人民政府安排的财政性幼儿教育经费要保障公办幼儿园正常运转，保证教职工工资按时足额发放，保证示范性幼儿园建设和师资培训等业务活动正常进行，扶持和发展农村及老少边穷地区的幼儿教育事业。幼儿教育经费要专款专用，任何部门不得截留、挤占和挪用，乡（镇）人民政府的财政预算也要安排发展幼儿教育的经费。此外，提出地方各级人民政府要加强公办幼儿园建设，保证幼儿教育经费投入，全面提高保育和教育质量。不得借转制之名停止或减少对公办幼儿园的投入，不得出售或变相出售公办幼儿园和乡（镇）中心幼儿园，已出售的要限期收回。公办幼儿园转制必须经省级教育部门审核批准。城乡中小学布局调整后，空余校舍要优先用于举办幼儿园。

2010 年，国务院发布《关于当前发展学前教育的若干意见》，一般被称为学前教育领域的“国十条”。在“国十条”中提出：把发展学前教育摆在更加重要的位置，多种形式扩大学前教育资源，鼓励社会力量以多种形式举办幼儿园。通过保证合理用地、减免税费等方式，支持社会力量办园。积极扶持民办幼儿园特别是面向大众、收费较低的普惠性民办幼儿园发展。采取政府购买服务、减免租金、以奖代补、派驻公办教师等方式，引导和支持民办幼儿园提供普惠性服务。民办幼儿园在审批登记、分类定级、评估指导、教师培训、职称评定、资格认定、表彰奖励等方面与公办幼儿园具有同等地位。这些条例对扩大幼儿教育规模有着重要的影响作用。

在《国家中长期教育改革和发展规划纲要（2010—2020 年）》中，对学前教育经费提出了在学前教育领域需要明确政府职责。把发展学前教育纳入城镇、社会主义新农村建设规划。建立政府主导、社会参与、公办民办并举的办园体制。大力发展公办幼儿园，积极扶持民办幼儿园。加大政府投入，完善成本合理分担机制，对家庭经济困难幼儿入园给予补助。

在不同时期政策的实行下，北京市学前教育投入大事件如下。

2000 年，北京市顺义、平谷、大兴等区县加大学前教育机构布局调整的力度。通过撤并条件差、规模小的村办园，集中财力和物力办好乡镇中心幼儿园，巩固儿童入园率，发挥中心幼儿园的辐射作用，推动了学前教育的发展。①

① 简尔贤：《学前教育综述》，选自《北京教育年鉴 2001》，朝花少年儿童出版社，2001 年 12 月，第 219 页。

2002 年，市政府将“在城近郊区建立 20 个社区早期教育示范基地”列入为市民办的 60 件实事之一。该项目从 3 月正式启动，市教委拨专款 200 万元，为 8 个城近郊区 20 所项目园配备了适合 3 岁前儿童活动专用教室、运动器械和玩具。①

2006 年，北京市教委落实市政府折子工程，采用了政府招标的方式，为 14 个早期干预试点幼儿园配备了价值 221.33 万元的教学和康复设备，加强了幼儿园基础设施建设。②

2008 年，北京市加快了农村学前教育的发展。市教委投资 5500 万元，完成 10 个郊区县 50 所乡镇中心园活动室和厨房的改造工作。在薄弱园建设上，启动了新一轮的市级示范幼儿园与乡镇农村园“手拉手”支教活动。此外，市教委投资 20 万元委托《学前教育杂志》举办首次民办幼儿园培训，培训为期七天，培训民办幼儿园举办者、园长、业务园长、财务人员、保健医生和骨干教师累计 1123 人，培训覆盖 18 个区县 241 所民办幼儿园。③

2009 年，北京市政府投入 3000 万元在全市幼儿园扩班 300 个，增加 1 万个幼儿园学位，在一定程度上缓解了入园压力。此外，继续加大对农村学前教育的扶持力度，重点改善了 70 所农村乡镇中心园的办园条件。④

2010 年，为解决学前教育入园难、入园贵的问题，北京市政府投入 6000 万元改扩建 30 所公办幼儿园，投资 3000 万元用于幼儿园挖潜扩班 300 个，新增了 1.2 万个入园名额，此项工作被列为市政府实事项目，对缓解入园紧张状况发挥了积极作用。并且，市教委提出深入推进学前教育发展的一系列举措，例如组织制定“十二五”时期学前教育规划、以市政府名义出台推进学前教育工作意见、加快落实新建的 118 所公办幼儿园具体位置以及开展学前教育职业学院建设工作等，以此促进学前教育持续健康发展。

在各区县发展学前教育上，海淀区制定出台了《支持和奖励幼儿园建设与发展的暂行办法》，采取在保住存量上通过分类补助和以奖代补的方式支持各类型

---

① 吴晓燕、简尔贤:《学前教育综述》,选自《北京教育年鉴 2003》,开明出版社,2003 年 12 月,第 197 页。

② 王洪兰 :《学前教育综述》，选自《北京教育年鉴 2007》，开明出版社，2008 年 12 月，第 139 页。

③ 郭春彦、王洪兰:《学前教育综述》,选自《北京教育年鉴 2009》,华艺出版社,2009 年 12 月,第 87 页。

④ 郭春彦、王洪兰:《学前教育综述》,选自《北京教育年鉴 2010》,华艺出版社,2010 年 11 月,第 99 页。

幼儿园发展，构建以公办园为基础、以教育部门办园为主体、公办园与民办园共同发展的格局。门头沟区采取了“大篷车”送教下乡的方式解决偏远山区学前儿童教育；房山区加快普及学前三年教育，加强了农村乡镇中心园开设分园的建设力度；大兴区根据南城开发新城建设，重新调整教育资源结构布局等。各区县都通过不同的形式推动了学前教育的发展。①

从 1998 年起，北京市学前教育投入总量呈不断增长的发展态势。从总体数量上来看，从 1998 年到 2010 年，北京市学前教育投入总量增长了十几倍，从 1998 年的 1.85 亿元增长到 2010 年的 28.54 亿元。从增长数额来看，从 2004 年以后学前教育的总投入的绝对增长数额均超过 7000 万元，来到了一个快速发展的时期；从每一年的增长率看，除了 2000 年的 6% 增幅相对比较小外，从 1999 年起，学前教育投入总量增速都超过了 10%，说明对学前教育的重视程度比较高。尤其是 2009 年到 2010 年，学前教育投入总量增幅达到 17 亿元，增长率更是达到 153%。说明近年来，对学前教育的关注度正在进一步提高，学前教育受到的重视程度在逐步提升（见表 3–1）。

表 3–1　1998—2010 年北京市学前教育经费总量发展情况一览表

单位：千元、%

年份	投入总量	增长量	增长率
1998	184638	—	—
1999	214695	30057	16.28
2000	229680	14985	6.98
2001	278765	49085	21.37
2002	314661	35896	12.88
2003	362365	47704	15.16
2004	479335	116970	32.28
2005	567676	88341	18.43
2006	638063	70387	12.40
2007	726325	88262	13.83
2008	1002391	276066	38.01
2009	1127250	124859	12.46
2010	2854091	1726841	153.19

从 1998 年到 2010 年，北京市财政性教育经费从 0.8 亿元发展到 12 亿元。同时，学前教育财政性教育经费占北京市该年度财政性教育经费总额的比例也在逐渐扩

① 郭春彦、王洪兰：《学前教育综述》，选自北京市教育委员会编：《北京教育年鉴 2011》，华艺出版社，2011 年 11 月，第 87 页。

大，说明北京市在这几年对学前阶段的投入有所重视。但是学前教育的总量在财政性教育经费总额中的占比相对来说仍比较低，只有 1.5% 左右，相较于其他教育阶段，学前教育的经费总额以及比例都比较低。从 2008 年起，学前教育财政性教育经费占财政性教育总经费的比例开始不断提升，学前教育日益受到重视（见表 3–2）。

表 3–2　1998—2010 年北京市学前教育财政性教育收入发展情况一览表

单位：千元、%

年份	财政性教育经费	增速	占财政性教育经费总量的比例
1998	86517		1.48
1999	104357	20.62	1.50
2000	120249	15.23	1.33
2001	146712	22.01	1.34
2002	167399	14.10	1.36
2003	201845	20.58	1.42
2004	276751	37.11	1.58
2005	322155	16.41	1.52
2006	400164	24.21	1.57
2007	474922	18.68	1.50
2008	741046	56.04	1.93
2009	787961	6.33	1.82
2010	1238564	57.19	2.41

第二节　学前教育经费来源

1993 年，在国务院《关于〈中国教育改革和发展纲要〉的实施意见》中开始强调多渠道筹措学前教育经费的重要性。

1995 年，国家教委、计委、民政部、建设部、经贸委、全国总工会、妇联联合发出《关于企业办幼儿园的若干意见》，针对企业办幼儿园出现的一些问题，提出要坚持依靠社会力量发展幼儿教育的方针，有条件的企业应继续办好幼儿园深化改革，积极稳妥地推进幼儿教育逐步走向社会化各级政府和教育行政部门要加强对企业办园的业务指导，在城市规划建设中做好幼儿园的规划和建设，加强社区对幼儿教育的扶持与管理。

1996 年，在国家教委发布的《幼儿园工作规程》中提出，幼儿园的经费由举办者依法筹措，保障有必备的办园资金和稳定的经费来源。同时，该规程还规定了幼儿园收费的一系列标准，主要包括：幼儿园收费按省、自治区、直辖市或地（市）级教育行政部门会同有关部门制定的收费项目、标准和办法执行。幼儿园不得以培养幼儿某种专项技能为由，另外收取费用;亦不得以幼儿表演为手段，进行以营利为目的的活动。省、自治区、直辖市或地（市）级教育行政部门应会同有关部门制定各类幼儿园经费管理办法。

1997 年,在国家教委印发的《全国幼儿教育事业“九五”发展目标实施意见》中提出幼儿教育属非义务教育，发展这项事业应坚持政府拨款、主办单位和个人投入、幼儿家长缴费、社会广泛捐助和幼儿园自筹等多种渠道解决。各级政府应保证教育部门举办的幼儿园的经费开支，支持开展有关教学试验、评估、表彰活动和扶助贫困地区幼儿园等，以推进幼儿教育事业的发展。企、事业单位、人民团体等仍要积极扶持和增加幼儿园的投入。要大力提倡和鼓励社会各界和港、澳、台地区同胞以各种形式资助幼儿园，资助主要用于改善办园条件。家长送子女入园应当承担费用，其收费项目、标准和办法，应考虑幼儿教育成本、当地物价水平和群众承受能力，由各省（自治区、直辖市）或地（市）教育行政部门会同有关部门制定。

该意见提出集体性质的幼儿园（班），是群众集资办园的好形式，应予以提倡和鼓励。城镇街道举办的集体性质的幼儿园（班），应实行合理收费、独立核算、自负盈亏。根据中共中央、国务院的有关规定，地方人民政府可酌情对其开办、添置大型设备及房屋修缮等开支,从地方财政的自筹经费中给予适当补助。乡、村举办的集体性质幼儿园（班），其经费由举办单位自筹解决，并可按有关规定适当向家长收费。要继续调动企业、事业、机关、团体、部队、学校等单位举办幼儿园的积极性，可采取单独举办或联合举办幼儿园的形式，解决其职工子女的入园问题；并鼓励有条件的幼儿园向社会开放，吸收附近居民子女入园。公民个人举办幼儿园（班），各地人民政府和有关部门应予以扶持并加强指导、管理。

1998 年,北京市教委印发《北京市学前教育事业“九五”发展目标实施意见》,该通知指出要拓宽学前教育经费渠道，加大投入力度。学前教育属非义务教育，发展这项事业应坚持政府财政拨款、主办单位和个人投入、幼儿家长缴费、社会广泛捐助和幼儿园自筹等多种渠道解决。

2000 年，北京市教委颁布了《关于印发幼儿园办园体制改革试点工作意见的通知》，指出幼儿园办园体制改革的目的是为了转换办园机制，开发社会教育资源，调动社会各方面力量参与办园的积极性，拓宽学前教育经费来源渠道；明晰所有者与办园者之间的责、权、利关系，逐步形成多元化、社会化的办园机制。

该通知对北京市学前教育体制的多元化发展产生了重要影响。

2001 年，在北京市第十一届人民代表大会常务委员会第二十七次会议上通过了《北京市学前教育条例》。条例中指出，北京市各级人民政府应当安排学前教育专项经费，主要用于开展有关的教育改革、评价、表彰、培训活动和扶助远郊经济不发达地区发展学前教育，任何组织和个人不得挪用、克扣。对于社会办学，条例中指出：社会力量举办的学前教育机构在教研活动、人员培训、表彰奖励等方面，与政府举办的学前教育机构享受同等待遇。社会力量举办的学前教育机构的工作人员在资格认定、职称评定，教育科研项目的申请、评优，科研成果鉴定等方面，与政府举办的学前教育机构的工作人员享有同等权利。该条例重申了北京市民办学前教育的地位，确保了民办幼儿园的地位，并强调幼儿教育投入保障机制，逐步推进多种力量办学的学前教育体制。

2001 年，北京市教委出台《关于朝阳区“十五”时期学前教育事业发展目标的实施意见》，该意见指出发展学前教育事业是政府、社会、家庭、学前教育机构的共同责任，因此应实行政府拨款、举办者投资、幼儿家长缴费、社会广泛捐助等多渠道筹资的方法；要积极鼓励境内外组织、社会各界及公民个人以捐资赠物等多种形式支持学前教育事业；积极吸纳民间资金投入学前教育事业。

2002 年，国家计委、财政部、教育部关于印发《教育收费公示制度》的通知，提出实行教育收费公示制度，让学生及其家长能够保护自身的合法权益，监督学校严格执行国家教育收费政策，是规范教育收费行为，促进教育事业健康发展，巩固治理教育乱收费成果，密切党群、干群关系的重大措施。各地方和有关部门要从实践“三个代表”重要思想的高度，充分认识实行教育收费公示制度的重要意义，采取有力措施，确保教育收费公示制度的顺利实施。各地区、各学校实行教育收费公示制度的具体时间，由各省、自治区、直辖市财政主管部门和教育行政部门确定，有条件的地方要争取在 2002 年秋季开学前（8 月 31 日前）建立起来，这为学前教育收费的规范化做出一定的贡献。

2003 年，在《关于幼儿教育改革与发展的指导意见》中提到，要积极鼓励和提倡社会各方面力量采取多种形式举办幼儿园。社会力量举办的幼儿园，在审批注册、分类定级、教师培训、职称评定、表彰奖励等方面与公办幼儿园具有同等地位。各级教育部门要加强对社会力量举办幼儿园保育、教育工作的指导和监督，规范办园行为，保证办园的正确方向。2003 年 9 月，《中华人民共和国民办教育促进法》开始施行，其从民办教育的性质、地位、设立和学校的组织与活动、教师与受教育者、学校资产与财务管理、管理与监督、扶持与奖励、变更与终止及法律责任等方面对民办教育及民办学前教育进行了进一步的规定和规范。

2010年，在“国十条”中提出，要多种渠道加大学前教育投入。各级政府要将学前教育经费列入财政预算；新增教育经费要向学前教育倾斜；财政性学前教育经费在同级财政性教育经费中要占合理比例，未来三年要有明显提高；各地根据实际研究制定公办幼儿园生均经费标准和生均财政拨款标准；制定优惠政策，鼓励社会力量办园和捐资助园；家庭合理分担学前教育成本。

从学前教育经费的主要来源来看，公共财政预算、各级政府的税费以及教育事业费收入这三项教育收入来源从1998年一直呈增长的态势；社会捐赠这一收入来源略有波动，大体上也在增长；而校办产业与社会服务这一块的数额则呈波动下降的趋势，到了近年，校办产业与社会服务这一收入来源已基本上可以忽略不计。2009—2010年，无论是公共财政预算教育经费，还是各级政府税费以及社会捐赠和教育事业费收入等方面的收入都出现了比较大的增幅，因此，学前教育的经费总量在这几年不断提升（见表3-3）。

表3-3　1998—2010年北京市学前阶段各项收入来源发展情况一览表

单位：千元

年份	总量	公共财政预算内经费	各级政府税费	校办产业	社会捐赠	事业收入	其他收入
1998	184638	81970	4547	337	17260	64583	15941
1999	214695	98525	5832	279	17214	77727	15118
2000	229680	115809	4440	1516	23555	76213	8147
2001	278765	140871	5841	1077	18252	97376	15348
2002	314661	159380	8019	1535	31551	108315	5861
2003	362365	196863	4982	1260	28982	119523	10755
2004	479335	255094	21657	89	24755	152161	25579
2005	567676	290320	31835	463	39993	170484	34581
2006	638063	369234	30930	112	39397	177297	21093
2007	726325	444436	30486	50	48404	197616	5333
2008	1002391	702318	38728	10	49447	205631	6257
2009	1127250	716567	71394	0	94219	239832	5238
2010	2854091	1106294	132270	378	179222	1322516	113411

从教育经费收入结构上来看，公共财政预算收入以及教育事业费收入一直是北京市学前教育收入的主要构成部分，两者相加占教育经费收入的80%～90%。公共财政预算内收入占比在2008年以前逐步上升，到2008年占到了收入总数的70%，而到了2009年和2010年，随着其他收入的大幅增长，虽然公共预算内教育经费的数量在上升，但是比例下降得比较严重，到了2010年只占到了整体

收入的 38.76%。另外出现这种状况的还有社会捐赠收入，社会捐赠收入虽然数额在不断上升，但是增长的幅度并不大，其占总数的比例也并没有增加，反而是在不断减小。教育事业费收入的占比从 1998 年到 2005 年一直稳定在 30% 以上，在 2006 年到 2009 年，其占比又有一个缓慢下降的过程，2008 年其占比下降到了 20% 以上，到了 2010 年，又陡然上升到 40% 以上。校办产业与社会服务带来的收入在学前教育整体收入中的占比微乎其微，多年以来一直都是在 1% 以下。公共预算内经费比例的下降以及教育事业费占比的增加说明北京市学前阶段的经费来源十分广泛，形成在政府主导下的多种来源的收入体制（见表 3–4）。

表 3–4　1998—2010 年北京市学前阶段各项收入来源占比情况一览表

单位：%

年份	总量	公共财政预算	各级政府税费	校办产业	社会捐赠	事业收入	其他收入
1998	100	44.39	2.46	0.18	9.35	34.98	8.63
1999	100	45.89	2.72	0.13	8.02	36.20	7.04
2000	100	50.42	1.93	0.66	10.26	33.18	3.55
2001	100	50.53	2.10	0.39	6.55	34.93	5.51
2002	100	50.65	2.55	0.49	10.03	34.42	1.86
2003	100	54.33	1.37	0.35	8.00	32.98	2.97
2004	100	53.22	4.52	0.02	5.16	31.74	5.34
2005	100	51.14	5.61	0.08	7.05	30.03	6.09
2006	100	57.87	4.85	0.02	6.17	27.79	3.31
2007	100	61.19	4.20	0.01	6.66	27.21	0.73
2008	100	70.06	3.86	0.00	4.93	20.51	0.62
2009	100	63.57	6.33	0.00	8.36	21.28	0.46
2010	100	38.76	4.63	0.01	6.28	46.34	3.97

第三节　学前教育经费使用

1996 年，《幼儿园工作规程》提出，幼儿园的经费应按规定的使用范围合理开支，坚持专款专用，不得挪作他用。任何组织和个人举办幼儿园不得以营利为目的。举办者筹措的经费，应保证保育和教育的需要，有一定比例用于改善办园条件，并可提留一定比例的幼儿园基金。

1997 年，在国家教委印发的《全国幼儿教育事业“九五”发展目标实施意见》中提出各级各类幼儿园都要坚持勤俭办园，努力提高经费使用效益，并接受教育行政部门的管理与监督，管好用好资金。

2005年，北京市教委制定《关于开展示范幼儿园和农村乡镇中心园“手拉手”活动的通知》，市、区两级要安排专项经费保障示范幼儿园和乡镇中心园“手拉手”活动的落实。市级专项经费由市教委统筹安排，主要用于“手拉手”活动的组织、实施、考核和表彰等项内容；区（县）教委要安排经费保障支教教师必要的工作、生活条件和义务开支。

2010年，在“国十条”中提出，要建立学前教育资助制度，资助家庭经济困难儿童、孤儿和残疾儿童接受普惠性学前教育。发展残疾儿童学前康复教育。中央财政设立专项经费，支持中西部农村地区、少数民族地区和边疆地区发展学前教育和学前双语教育。地方政府要加大投入，重点支持边远贫困地区和少数民族地区发展学前教育。规范学前教育经费的使用和管理。

从预算内教育经费支出情况来看，总体呈上升趋势。除了1998年预算内教育经费支出呈负增长以外，其他年份都或多或少有所增长。2002年与2009年是出现增长的年份中增长幅度最小的，都是在10%以内，2008年与2010年增长幅度最大，皆超过50%，其中2008年更是超过了70%。在数额方面，预算内教育经费支出从1995年的6000多万元增长到2010年的近10亿元，在绝对数量上将近增长了10倍，也说明了北京市政府对学前教育投入力度的加大（见表3–5）。

表3–5　1995—2010年北京市学前教育预算内教育经费支出总额统计表

单位：千元、%

年份	支出总量	增长数额	增长幅度
1995	62276	—	—
1996	80517	18241	29.29
1997	96341	15824	19.65
1998	81411	–14930	–15.50
1999	90906	9495	11.66
2000	111043	20137	22.15
2001	128432	17389	15.66
2002	139612	11180	8.70
2003	175366	35754	25.61
2004	223471	48105	27.43
2005	267080	43609	19.51
2006	316104	49024	18.36
2007	359503	43399	13.73
2008	617512	258009	71.77
2009	621822	4310	0.70
2010	977174	355352	57.15

在北京市学前教育预算内财政支出中，教育事业费占绝大多数的比例。基建支出仅在很小的范围内浮动变化（见表 3–6）。在北京市政府的财政性教育经费中，大部分费用用于教育事业费的事实一方面说明财政预算内教育重视人员经费等教育事业费用，另一方面也说明学前教育多元化发展初见成效，政府财政可以集中把费用花在教育事业费当中。

表 3–6　1995—2010 年北京市学前教育预算内教育经费使用情况一览表

单位：千元、%

年份	总量	教育事业费	教育事业费占比	基建支出	基建支出占比
1995	62276	62211	99.90	65	0.10
1996	80517	80417	99.88	100	0.12
1997	96341	96013	99.66	328	0.34
1998	81411	81411	100.00	0	0.00
1999	90906	90906	100.00	0	0.00
2000	111043	110243	99.28	800	0.72
2001	128432	126342	98.37	2090	1.63
2002	139612	138512	99.21	1100	0.79
2003	175366	171133	97.59	4233	2.41
2004	223471	214801	96.12	8670	3.88
2005	267080	248388	93.00	18692	7.00
2006	316104	306174	96.86	9930	3.14
2007	359503	357503	99.44	2000	0.56
2008	617512	579012	93.77	38500	6.23
2009	621822	592553	95.29	29269	4.71
2010	977174	929901	95.16	47273	4.84

教育事业费主要由两个部分构成，人员经费和公用经费。从 1995 年以来的发展状况来看，人员经费占比始终超过 50%，占预算内教育事业费的大部分。从 1996 年到 2004 年，人员经费的比例在不断上升，到了 2004 年一度占到了教育事业费的近 85%。而教育事业费中的公用部分则多年占比在 20% 左右，从 2006 年起开始基本逐年上升，到了 2010 年占比达到 40% 左右（见表 3–7）。以上变化说明近年来学前教育事业费的使用结构在根据实际情况不断优化。

1995—2010 年北京市学前教育预算内教育事业费使用情况一览表

表 3-7　　单位：千元、%

年份	教育事业费	个人经费	个人经费占比	公用经费	公用经费占比
1995	62211	48726	78.32	13485	21.68
1996	80417	60060	74.69	20357	25.31
1997	96013	71491	74.46	24522	25.54
1998	81411	62504	76.78	18907	23.22
1999	90906	67555	74.31	23351	25.69
2000	110243	85968	77.98	24275	22.02
2001	126342	99512	78.76	26830	21.24
2002	138512	111064	80.18	27448	19.82
2003	171133	136684	79.87	34449	20.13
2004	214801	181898	84.68	32903	15.32
2005	248388	202747	81.63	45641	18.37
2006	306174	237018	77.41	69156	22.59
2007	357503	269626	75.42	87877	24.58
2008	579012	383805	66.29	195207	33.71
2009	592553	420557	70.97	171996	29.03
2010	929901	544910	58.60	384991	41.40

第四章　北京市义务教育投入

义务教育发展是我国教育的“重中之重”，解决不好义务教育的发展问题将影响整个教育的发展及国民素质的提高。要使适龄儿童均能受到良好的义务教育，必然要有完善的义务教育财政体制作为支撑。从理论上讲，以公平、质量和效率为目标的义务教育，其经费由公共财政来负担，这一点为世界上众多国家所认可和采纳。 1990 年到 2010 年的 20 年是我国义务教育高速发展的时期，我国经历了全面普及义务教育到全面普及免费义务教育的过程。义务教育规模扩大，同时政府在义务教育中承担的责任也更重。此外，义务教育受众最广，是基本民生，义务教育的公平问题受到全社会的关注。国家反复强调义务教育发展过程中的公平与效率问题。

从 20 世纪 80 年代起，我国整体义务教育财政体制演化经历了由集中到分散、由集权到分权的阶段。先后经历了分级管理时期、大包干和分税制财政体制下的地方负责、分级管理时期，2006 年开始实施的全面负责的免费义务教育发展时期，以及目前形成的以县为主的义务教育财政体制。

北京市历来十分重视义务教育阶段的教育投入，对于国家方针政策，北京市都能够积极有效地落实，同时北京市还制定了许多具有针对性的地方义务教育财政管理方案，来保证和落实政府对义务教育的投入。以下将根据相关政策文件以及相关数据对北京市义务教育财政进行回顾。

第一节　义务教育投入规模

1986 年 7 月 1 日起实施的《中华人民共和国义务教育法》（以下简称《义务教育法》）在中国义务教育的发展过程中有着至关重要的作用以及广泛的影响，以法律的形式规定了义务教育阶段各方面的要求和规范。第十二条对义务教育财政做出了如下的规定：实施义务教育所需事业费和基本建设投资，由国务院和地方各级人民政府负责筹措，予以保证。国家用于义务教育的财政拨款的增长比例应当高于财政经常性收入的增长比例，并使按在校学生人数平均的教育费用逐步增长。

北京市在实施《义务教育法》的过程中，对义务教育阶段的政府投入做出了如下的规定：市和区、县人民政府应当将义务教育全面纳入财政保障范围，在财政预算中将义务教育经费单列，保证用于实施义务教育财政拨款的增长比例高于财政经常性收入的增长比例,保证按照在校生人数平均的义务教育费用逐步增长。

1996 年，北京市教委下发《北京市加强基础薄弱学校建设工作管理办法（试行）》，指出在市专项补助经费的核定与使用上，市教委根据各区加强基础薄弱学校建设年度工作计划，在调研、论证的基础上，核定市拨专项补助经费数额。市拨专项补助经费每年分两次划拨；市拨专项补助经费只用于改善薄弱学校的办学条件。

1997 年，北京市教委出台《加强农村完全小学建设的意见（试行）》，指出区（县）、乡镇政府一方面要采取措施依法保证教育事业费，特别是公用经费按标准按时到位，保证农村教育费附加足额征收；另一方面要进一步调动社会各方面办学的积极性，拓宽完小建设经费来源渠道。“九五”期间，区（县）政府每年都应设立专项资金，对完小建设给予一定的财力、物力保障。区县教育行政部门要安排使用好市、区县下拨的各项完小建设专项资金，保证专款专用。

1998 年，北京市教委印发《关于努力办好每所学校，巩固基础薄弱学校建设成果的几点意见》，指出继续增加市、区县对义务教育阶段学校的投资。到 20 世纪末，市、区县要调整教育资金，增加投资 3.3 亿元以办好每一所义务教育阶段的学校。资金主要用于学校的教育教学、仪器设备、文体设施、图书资料以及师资队伍建设，其中 3 亿元用于教育教学、仪器设备、文体设施、图书资料，3000 万元用于师资队伍建设，来提高办学质量和效益，使义务教育阶段学校达到规范化办学标准。

1998 年，北京市教委出台《关于加强山区中小学建设工作的意见》，指出加大投入力度，保障山区中小学建设三年目标的实现。今后三年，区（县）将筹措 2.1 亿元山区教育专项资金，其中市里每年安排不少于 3500 万元，区（县）按 1∶1 的比例安排相应的专项资金，用于改善山区中小学办学条件、教师队伍建设和保障贫困家庭学生完成九年义务教育。对挪用山区中小学建设项目专项经费、区（县）配比资金不能按期足额到位、年度建设项目计划不能按期完成的，将停拨或减拨下一年度的市级山区中小学建设专项资金。并且指出要落实助学金制度，确保山区适龄儿童完成九年义务教育。各级政府要落实助学金发放的责任，各山区区（县）要在每年的财政预算中安排专项经费，保障助学金制度的落实。

2006 年，北京市发布的《北京市“十一五”时期教育发展规划》中提出，要通过政策导向、资金扶持、名校办分校等形式加大对农村教育，特别是农村义务教育支持力度。到 2008 年，通过调整市级教育经费支出结构，提高教育费附加用于农村的比例，增加基本建设经费和农村科技经费、农民教育经费等方式，累计投入 40 亿元；“十一五”期间，新增教育经费的 70%投向农村，主要用于改善农村办学条件和师资培训。引导城市优质教育资源向郊区农村辐射，完善城乡中小学、幼儿园“手拉手”对口支援活动；支持城市优质教育资源学校到郊区新城、城镇地区举办 20 所分校。

2007 年，北京市委、市政府又颁布了《北京市进一步推进义务教育均衡发展的意见》，提出各级政府要将义务教育经费全面纳入财政预算。及时足额拨付义务教育经费，优先保障推进义务教育均衡发展所需资金，切实落实教育经费“三个增长”和新增教育经费主要用于农村学校和城镇相对薄弱学校改造的要求。市、区两级政府要在财政预算中将义务教育经费单列。市、区政府要调整教育经费支出结构，保证义务教育投入占全市教育经费投入比例逐年提高。确保用于实施义务教育财政拨款的增长比例应当高于财政经常性收入的增长比例。保证按照在校学生人数平均的义务教育费用逐步增长。保证义务教育阶段教职工工资和生均公用经费逐步增长。加强对困难区（县）教育经费的转移支付力度。各区（县）政府要保证义务教育经费逐年增长，确保学校运转经费按标准及时、足额到位。建立农村中小学经费保障制度，每年新增教育经费的 70% 及城市教育费附加用于农村学校和城镇相对薄弱学校改造。

并且，在 2007 年，市教委等部门制定了《关于北京市中小学校办学条件标准的实施意见》，指出市级财政对实施《办学条件标准》工作给予专项投入，重点支持农村地区、办学条件相对困难学校，重点支持专用教室建设、大型教学设备和现代教育技术设备配备等。各区（县）要按照实施方案，安排专项资金用于办学条件达标工作，确保资金及时、足额到位。

在不同时期政策的实行下，北京市义务教育投入大事件如下。

1993 年，北京市加强了对城近郊区取消初中二部制的改、扩建工作。到 1993 年年底，市政府累计总投入 9754 万元，完成校舍建设 14 万平方米，普通教室增加了 2897 个，专用教室增加了 247 个。并且，对山区寄宿制学校进行了改造，新建扩建学校 25 所，使得这些学校的办学条件得到了完善。①

1995 年，市政府继续加大对教育事业的投入，重点解决城郊基础薄弱初中学校建设、山区教育建设和初中“二部制”的问题。在教育经费拨款上，全市财政对普教事业的拨款为 188577.77 万元，对普教事业拨款的增长比例高于财政经常性收入的增长比例 8.25%。在实际支出中，在校学生人数平均的教育事业费及其公用部分都实现了逐年增长，保证了教育事业的发展。②

1996 年，市委、市政府坚持分项推进，安排专项资金 1.6 亿元，全面实现“十大工程”建设年度目标，其中包括“高标准基础教育工程”和“山区教育工程”；全市实现义务教育办学“5、4、1”目标，即 50% 的学校办学条件达到基本标准，40%达到一般标准，10% 达到较高标准。市政府在城郊基础薄弱初中校的建设上，市、区共计投入专项经费 1.26 亿元，新建和改建教学用房 5 万平方米，修整操场 10.5 万平方米，使得其中 47 所学校的办学条件达到了市一般标准。③

1997 年，市政府继续加强基础薄弱校的建设，共投入 2.36 亿元，新建校舍近 10 万平方米，在城近郊区 105 所薄弱校中，有 80 所办学条件达到了“一般标准”。此外，对基础薄弱校的 3800 名各类教师进行了培训，提高学校的教学质量。④

1998 年，市政府为进一步提高基础教育办学条件，投入近 1 亿元，改扩建教学用房 12 万平方米，整修操场 8 万平方米，使理化生实验设备由四人一组提高到二人一组进行实验，大大提高了实验质量。并且为部分薄弱学校配备了语音室、计算机室、闭路电视系统和高档次电教设备，使得基础教育薄弱学校建设全部达到了北京市一般办学标准。此外，研究制定了《北京市关于加强山区中小学建设的意见》，该意见指出从 1998 年到 2001 年，市、区（县）设立山区中小学建设专项经费 2.1 亿元，全面加强山区中小学建设，并对实施工作进行部署。

---

① 耿申:《各级各类教育综述》，选自《北京普通教育年鉴 1994》，北京出版社，1994 年 7 月，第 119 页。

② 全红生 :《教育经费与教学设备》，选自《北京普通教育年鉴 1996》，北京出版社，1996 年 6 月，第 171 页。

③ 魏强:《基础教育综述》，选自《北京普通教育年鉴 1997》，航空工业出版社，1997 年 10 月，第 211 页。

④ 高福勤 :《1997 年北京教育事业简况》，选自《北京教育年鉴 1998》，航空工业出版社，1998 年 9 月，第 89 页。

1998 年，北京市投入专项经费 3500 万元，用于了山区中小学的建设。①

1999 年，市政府采取以政府行为为主，教育部门建立目标责任制和进行定期督导的方式，对城八区 105 所薄弱校进行了改造。在 1997—1999 年，共投入 3.4 亿元，新建、改扩建教学用房 12.45 万平方米。并且通过调整薄弱校的领导班子、选调优秀骨干教师到教学第一线、加快调整学校布局、采取停办或合并或联合办学等方式，使这些薄弱校面貌迅速得到改善，全部达到一般办学标准。此外，市政府加大了“山区教育工程”的实施力度，各区（县）认真落实《北京市关于加强山区中小学建设工作的意见》，且在 1999 年北京市教委出台了《北京市山区中小学建设基本要求》，该要求体现山区中小学建设标准的全面性，包括学校布局、办学条件、教育经费、教师待遇、教育普及程度及质量、组织领导、专项经费、队伍建设、助学金和寄宿生伙食补助九个方面内容，明确了山区中小学建设的一般标准和基本标准。在 1998—1999 学年度，市、区（县）两级用于山区中小学建设专项经费投入总计 8300 多万元，其中市级下拨专项经费 3500 多万元，超额完成市、区（县）两级每年投入 7000 万元的要求。在 1999 年，7 个区（县）共拨款 370 万元，保证学生助学金和寄宿生伙食补助的发放，较好完成山区中小学建设第一年达标任务。②

2000 年，北京市、区及乡镇政府共投入资金 6000 多万元用于农村普通中学的建设，48 所农村普通中学通过了规范化验收。至 2000 年年底，远郊区县规范化学校已达 173 所，占全市远郊区（县）普通中学的 57%。此外，市、区（县）在山区中小学建设工程上共投入 7620 万元，在示范高中建设上投入 1.1 亿元，加强了全市的学校建设。③

2001 年，市政府投入 3000 万元，支持 98 所山区中小学校达标建设，完成了山区中小学建设工程。并且，北京市推进区域中小学联合办学，完成了中小学建设工程，北京山区中小学已由 1998 年的 493 所调整为 2001 年的 280 所，并且全部达标，最后一批郊区县农村完全小学 179 所也通过验收，促进了北京市山区

① 高福勤：《1998 年北京教育总述》，选自《北京教育年鉴 1999》，航空工业出版社，1999 年 11 月，第 91 页。

② 宋宝璋、富凯宁：《1999 年基础教育总述》，选自《北京教育年鉴 2000》，朝花少年儿童出版社，2000 年 11 月，第 253 页。

③ 何劲松：《2000 年北京教育简况》，选自《北京教育年鉴 2001》，朝花少年儿童出版社，2001 年 12 月，第 59 页。

中小学办学条件的进一步改善。[①]

2002 年，各区（县）在市政府的指导下启动了 350 所学校校园网建设，安排 2000 万元专项经费重点支持 14 个区（县）123 所中小学校园网建设工作，全市校园网建设突破 800 个。并且，投入 1000 万元专项经费支持中小学信息技术与学科教学整合研究。投入 900 万元专项经费，重点支持西城、东城、宣武和海淀 4 个区县建立区域教育资源中心，指导制订建设方案，整合区域内数字化与非数字化教育资源。从 9 月起，10 个远郊区县义务教育阶段公办学校免收北京市户口学生杂费，城近郊区公办学校免收北京市"低保户"家庭学生杂费，总计 60 万名学生享受免费义务教育。此外，市政府投入 5000 多万元支持中小学"强弱联合"，撤销中小学 111 所，进一步加强了学校结构布局的调整。[②]

2003 年，北京市全面加强农村基础教育，市政府累计下拨经费 3.65 亿元，其中，用于远郊区县基础教育 2.5 亿元，占总数的 68.49%。并且，市政府将"农村中小学全部取消明火取暖"和"为农村完小配备 100 个网络计算机教室"列入 60 件实事，市、区县共投入 4609 万元，其中，市级投入 3723 万元，区县投入 886 万元，为 10 个远郊区县的 413 所农村中小学改造供暖建筑面积 58 万平方米，安装集中供暖锅炉 73 台和土暖气锅炉 2224 台。此外，市、区（县）两级共投入 1.55 亿元，其中市级专项 7800 万元，区（县）投入 7700 万元，改造中小学办学条件，共完成基建和修缮面积 28 万平方米，为学校添置教学仪器设备 5.5 万件（套），生活设施 4000 套，图书资料 12 万册。为加快中小学信息化建设，市财政投入 1755 万元，为 6 个远郊区县农村完小配备 100 个网络计算机教室。同时采取企业垫资，市、区（县）共同分担机制，为远郊区（县）205 所完小建设计算机教室。投入 900 余万元，对具有本市户口、处于最低生活保障线以下的农村贫困家庭、城市"低保"家庭及在特殊教育学校就读的义务教育阶段学生共 3.1 万人免收教科书费。[③]

2004 年，市政府落实"两免一补"政策，全年市、区两级投入 1.2 亿元，免除农村地区 60 万名学生杂费；投入 1420 万元，为远郊区（县）26702 名家庭贫困学生免收课本费。并且，市教委专项投入 6800 万元，免除所有打工农民子女

---

① 何劲松：《2001 年北京教育简况》，选自《北京教育年鉴 2002》，开明出版社，2002 年 11 月，第 33 页。

② 熊红：《2002 年基础教育综述》，选自《北京教育年鉴 2003》，开明出版社，2003 年 12 月，第 215 页。

③ 张永凯：《2003 年基础教育综述》，选自《北京教育年鉴 2004》，开明出版社，2004 年 12 月，第 199 页。

的借读费，支持流动人口聚集地区举办流动学校。在改善中小学办学条件上，在2003年和2004年，区（县）投入专项经费2.5亿元，其中市级专项经费1.2亿元，区（县）配比1.3亿元，共完成基建面积10万平方米，修缮38万平方米，为学校添置教学设备7.5万件（套），添置寄宿生生活设施设备1万件（套），添置图书资料32万册，为郊区200所中小学设立医务室并配备相应设备。此外，调整市本级教育经费1.5亿元支持农村中小学信息化建设和教师培训，建设9个区（县）教育骨干光纤网、590所校园网，为农村完小配备电子备课室224个，计算机1.7万台，多媒体课件300套。全年共调整全市规模小和办学效益不高的小学112所、初中25所。①

2005年，市政府对农村教育投入9.5亿元，其中投入2000万元用于农村中小学配备体育器材，进一步落实“以县为主”的农村义务教育教育管理体制。为改善流动子女受教育学校条件，市教委投入6914万元支持这些学校条件的改善，且继续免除了在京务工农民子女义务教育阶段学习借读费。② 在改善农村中小学办学条件上，北京市政府逐年加大投入，农村小学教育事业费支出由三年前的2276元增加到4485元，生均公用经费由317元增加到857元；农村初中生均教育事业费支出由三年前的2590元增加到4561元，生均公用经费由689元增加到1089元。此外，8个区（县）生均公用经费达到了《北京市普通教育事业公用经费定额标准》。③

2006年，北京市落实新修订的《义务教育法》，完善义务教育经费保障机制，调整提高生均公用经费定额标准。2006年8月，市教委、市财政局联合印发《关于进一步完善义务教育阶段“两免一补”政策的通知》，扩大了义务教育“两免一补”范围，在10个远郊区（县）义务教育阶段学生免交杂费，城乡低保家庭学生和特教学生免交教科书费的基础上，从2006年秋季开学起，对本市农村户籍学生免交教科书费，对山区学生、城乡低保家庭学生、残疾学生每人每年提供300元助学补助，上述三类住宿生每人每月发放100元伙食补助。为进一步实施减免，市区两级每年投入近2.4亿元解决农村和城市贫困家庭的教育负担。同年，

---

① 王东江:《2004年北京教育简况》，选自《北京教育年鉴2005》，开明出版社，2005年11月，第47页。

② 乔树平、魏旭斌 :《2005年基础教育综述》，选自《北京教育年鉴2006》，开明出版社，2006年12月，第165页。

③ 王东江:《2005年北京教育简况》，选自《北京教育年鉴2006》，开明出版社，2006年12月，第21页。

启动了中小学办学条件标准化建设工程，重点改善 100 所困难中小学的办学条件，市级投入 2.3 亿元，加强了 200 所农村中小学达标建设。此外，开展了“十百千万工程”，其中为 20 所学校装备远程教学设备，促进了学校办学条件的进一步改善。在发展农村基础教育上，北京市进一步加大对农村教育的投入，落实新增经费的 70% 用于农村教育要求，截至当年 10 月 31 日，市级对 10 个远郊区 (县) 基础教育投入达到 9.8 亿元。另外，投入 2500 万元，为农村中小学配备音乐美术教学设备，推进了农村地区的素质教育。在流动人口子女的义务教育上，市政府加大了投入，在每年市级财政投入 7000 万元的基础上，又增加基建投资 8000 多万元，使得流动子女可以更好地接受义务教育。[①]

2007 年，北京市委、市财政局、市发改委下发了《关于进一步完善义务教育阶段“两免一补”政策的通知》，继续推进“两免一补”政策。对城八区公办学校义务教育阶段学生免收杂费，其中有农村户口的学生免收教科书费。并且，逐渐完善了义务教育经费保障体制，中小学生生均公用经费标准比原来提高 51%，义务教育阶段学生综合定额小学生由每年的 220 元提高到 800 元，初中生由每年的 260 元提高到 900 元。此外，根据区县财力状况，对调整后的公用经费达标新增部分市级财政给予不同比例的经费补助，补助比例在 30% ~ 50%。在改善中小学办学条件上，市级投入 3.8 亿元对城乡 200 所中小学进行了改造，使这些学校达到了新颁布的办学条件标准。2007 年，市教委、市财政局制定了《北京市基础教育校舍维修改造专项资金管理暂定办法》，加大了校舍修缮力度。采取市级政府、区县政府共同负担的原则，对城八区和远郊区（县），市级分别给予 30% 和 50% 的经费补助。此外，加大了对财力薄弱区（县）的转移支付力度。市对区县教育补助资金 32.6 亿元，其中教育费附加 12.9 亿元，教育事业费 19.7 亿元，其中约 20.5 亿元用于农村，约占 63%。[②]

2008 年，北京市完善义务教育阶段“两免一补”政策。在 2008 年春季开学，市级投入补助经费 2.3 亿元，对 10 个远郊区（县）和朝阳、海淀、丰台三个区农村中小学非农户籍学生免收教科书费。另外，北京市政府投入 1.5 亿元重点支持 100 所小学在主要项目上达到新颁布的办学条件标准，改善了农村寄宿制

① 魏旭斌:《2006 年基础教育综述》，选自《北京教育年鉴 2007》，开明出版社，2008 年 12 月，第 107 页。

② 魏旭斌:《2007 年基础教育综述》，选自《北京教育年鉴 2008》，开明出版社，2008 年 12 月，第 103 页。

中小学生活条件，为 180 所农村寄宿制中小学改造食堂、浴室和活动室，且投入 8000 万元用于 140 所农村寄宿制学校中小学生生活条件的改善。[①]

2009 年，北京市进一步落实完善义务教育“两免一补”政策，提高公办义务教育学校四类寄宿学生伙食补助标准，每人每月从 100 元提高至 160 元。投入 3 亿元专项经费使 200 所小学在主要项目上达到新颁办学条件标准。在解决来京务工人员随迁子女接受义务教育上，北京市积极按照以流入地政府为主和以公办中小学为主的原则，做好外来务工人员随迁子女义务教育工作，2009 年公办学校的接收比例达到 67%。并且，市级投入专项经费改善接收来京务工人员子女公办学校的办学条件，为 69 所经审批的自办学校配备基本的教学设备。[②] 2009 年，北京市政府按照各区（县）接收随迁子女数量情况，由市级按照比例统一资助 4825 万元，用于公办学校改善办学条件，进一步扩大公办学校接收能力。为进一步改善随迁子女在京接受义务教育条件，引导已经审批的自办学校依法、规范办学，投入 1300 万元，对全市 69 所经批准的自办学校基本办学项目给予更新和配备。充分利用奥运遗产，向部分自办学校捐赠 150 台计算机和 3000 册地图册。此外，加大对农村教育的支持力度，在 2009 年预算中明确新增教育经费向农村地区、薄弱学校倾斜。截至 12 月初，下拨市级基础教育经费 27.91 亿元。其中 70% 投入农村地区学校和薄弱学校。同年，启动了“首都高校全面支持郊区中小学建设工程”，继续实施了中小学规范化建设工程，重点推进了 200 所小学在主要项目上达到新颁办学条件标准，修缮改造了 300 所农村中小学 2800 间教师集体宿舍，为 7000 余名农村教师解决在校住宿的困难，来全面推动城乡教育一体化。在校舍安全建设上，市、区县投入改造资金 14 亿元优先改造危旧校舍和农村平房校舍。[③]

2010 年，北京市全面实施义务教育阶段“两免一补”政策，为全市所有义务教育阶段学生免杂费和教科书费，包括为东城、西城等 8 个城区公办中小学义务教育阶段具有北京市户籍的在校生、非北京市户籍借读生、民办学校义务教育阶段在校生、经政府批准打工子弟学校在校生，全部免费提供教科书。至此，除

---

① 聂荣：《2008 年北京教育简况》，选自《北京教育年鉴 2009》，华艺出版社，2009 年，第 43 页。

② 聂荣：《2009 年北京教育简况》，选自《北京教育年鉴 2010》，华艺出版社，2010 年，第 41 页。

③ 魏旭斌：《基础教育综述》，选自《北京教育年鉴 2010》，华艺出版社，2010 年，第 125 页。

未经批准打工子弟学校学生外，各类学校义务教育阶段在校学生全部免除杂费和教科书费，公办中小学借读学生免除借读费，北京市基本实现免费义务教育。

在此基础上，对弱势群体学生，包括山区、城乡低保家庭、特殊教育、工读学校学生，发放学习补助和寄宿生活补助。市级财政每年投入 3 亿元，惠及义务教育阶段学生 100 万人。在小学规范化建设工程上，市政府投入 21 亿元，围绕加快推进均衡发展和全面实施素质教育两大主题，注重内涵发展，坚持软件建设和硬件建设并重，完成了 260 所学校达标建设任务。①

从北京市小学阶段和初中阶段的教育经费总量发展状况来看，从 1998 年到 2010 年，义务教育阶段的教育经费每一年都在增长，这与北京市一贯重视义务教育的投入相符合。小学阶段的教育经费总量从 1998 年的 17.8 亿元增长到 124 亿元，初中阶段从 14.5 亿元增长到 93.3 亿元，增长量比较大。从增长率来看，小学和初中阶段都在 2007 年出现了比较高的增长率，这与国家开始全面推行义务教育阶段的“两免一补”政策有关（见表 4–1 和表 4–2）。

表 4–1　1998—2010 年北京市小学阶段教育经费总量发展情况一览表

单位：千元、%

年份	总量	增量	增长率
1998	1781299	—	—
1999	2011096	229797	12.90
2000	2404109	393013	19.54
2001	2794691	390582	16.25
2002	3130744	336053	12.02
2003	3562822	432078	13.80
2004	4179181	616359	17.30
2005	4611712	432531	10.35
2006	5357220	745508	16.17
2007	7565046	2207826	41.21
2008	8796314	1231268	16.28
2009	10288079	1491765	16.96
2010	12401019	2112940	20.54

① 魏旭斌：《基础教育综述》，选自《北京教育年鉴 2011》，华艺出版社，2011 年 11 月，第 111 页。

1998—2010 年北京市初中阶段教育经费总量发展情况一览表

表 4–2

单位：千元、%

年份	总计	增量	增长率
1998	1453705	—	—
1999	1662522	208817	14.36
2000	1906912	244390	14.70
2001	2480981	574069	30.10
2002	2957771	476790	19.22
2003	3306376	348605	11.79
2004	3419974	113598	3.44
2005	3533982	114008	3.33
2006	4394441	860459	24.35
2007	6038801	1644360	37.42
2008	6247838	209037	3.46
2009	7277160	1029322	16.47
2010	9330080	2052920	28.21

北京市义务教育阶段财政性教育经费的发展状况与义务教育阶段教育经费总量的发展状况相近，无论是小学阶段还是初中阶段，从 1998 年到 2010 年都呈现逐年增长的趋势。正如文件中不断强调的，义务教育阶段是教育财政投入的重点，从义务教育阶段财政性教育经费占北京市财政性教育经费的比例来看，小学阶段基本上稳定在 20% 左右，初中阶段在 15% 左右，义务教育阶段的财政性教育经费占到了总量的 35% 以上（见表 4–3）。

1998—2010 年北京市义务教育阶段财政性教育经费发展情况一览表

表 4–3

单位：千元、%

年份	小学	占比	初中	占比
1998	1347677	23.03	1014048	17.33
1999	1589862	22.83	1170897	16.81
2000	1930227	21.38	1352105	14.98
2001	2273924	20.70	1787492	16.27
2002	2561384	20.85	2209513	17.98
2003	2969022	20.82	2367508	16.60
2004	3548006	20.28	2624506	15.00
2005	3925163	18.53	2736473	12.92
2006	4670222	18.37	3247525	12.77
2007	6749948	21.25	4988738	15.71
2008	7996184	20.86	5581260	14.56
2009	9467740	21.85	6513674	15.03
2010	11345454	22.09	8560583	16.67

第二节　义务教育经费来源

《义务教育法》提出，地方各级人民政府按照国务院的规定，在城乡征收教育事业费附加，主要用于实施义务教育。国家对经济困难地区实施义务教育的经费予以补助。国家鼓励各种社会力量以及个人自愿捐资助学。国家在师资、财政等方面，帮助少数民族地区实施义务教育。1986 年《义务教育法》将之前的义务教育发展战略以及 1985 年发布的《中共中央关于教育体制改革的决定》等初步形成的义务教育投入体制进行了进一步的规范和明确，体现了国家和地方对义务教育投入的重视。

1992 年，教育部发布《中华人民共和国义务教育法实施细则》，进一步明确了义务教育的财政管理体制，以地方为主即以乡镇为主负担教育经费，实行地方负责、分级管理的原则。也就是说，义务教育阶段的财政管理权不在中央政府，而在地方政府，而且县、乡两级政府的责任重大。乡级财政具有集中分配、调节资金、实行财政监督的职能。城市中小学经费主要由市财政承担，农村中小学教育经费主要由县、乡财政承担。省级政府除了在业务上对义务教育实施统一的指导和管理外，只对中小学教育提供很有限的专项补助。《义务教育法》和《义务教育法实施细则》颁布实施后，为确保“地方负责、分级管理”的财政体制的有效运行，又提出了义务教育费用实行多渠道筹集的方针。实施义务教育所需事业费和基本建设投资由国务院和地方各级人民政府负责筹措。地方各级人民政府按国务院规定，在城乡征收教育事业附加费，主要用于实施义务教育。义务教育所需的基本建设投资，采取地方拨款、群众捐资相结合的办法筹集，其中农村中小学的校舍投资，以乡村自筹为主，中央只负责对经济困难的地区予以适当补助。同时，允许中小学收取一定的学杂费。

北京市十分重视《义务教育法》的实施，并于 1986 年 7 月 8 日于北京市第八届人民代表大会常务委员会第二十九次会议通过北京市实施《义务教育法》办法，根据 1993 年 11 月 26 日北京市第十届人民代表大会常务委员会第七次会议《关于修改〈北京市实施中华人民共和国义务教育法办法〉的决定》修正，随后又经过多次修改，2008 年 11 月 21 日的第七次修改是《北京市实施〈中华人民共和国义务教育法〉办法》的最后一次修改。

北京市在实施《义务教育法》的过程中，对义务教育阶段的政府投入做出了如下的规定。市财政行政部门应当会同市教育行政部门制定高于国家标准的学生人均公用经费标准，并按照本市实现教育现代化的要求，根据经济和社会发展状况适时调整。制定、调整学生人均公用经费标准，应当满足教育教学的正常需要。本市义务教育经费投入实行市人民政府统筹落实、本市各级人民政府根据职责共同负担的体制；区、县人民政府应当按照职责，依法保障义务教育经费投入，市人民政府应当按照规定分项目、按比例分担义务教育经费并对财力薄弱的区、县予以补助和支持；义务教育经费保障的具体办法由市人民政府制定。乡、镇人民政府根据实际情况，对本行政区域的义务教育事业给予支持；义务教育经费应当按照预算规定用于义务教育，并及时足额拨付；市和区、县人民政府应当建立健全义务教育经费的审计监督、统计和定期公告制度，加强管理，提高经费的使用效益。

可以看出，北京市在实施《义务教育法》的过程中，一方面重视对义务教育投入的保障机制，另一方面也关注义务教育城乡公平问题以及使用效率问题。在实施办法中，市级政府负责保证义务教育使用经费的来源，同时各级政府出资保证义务教育经费的充足性；同时对于财力薄弱的县区以及广大农村地区，北京市将进行扶持，以保证地区的公平性。

1993 年 12 月，国务院发布《关于实行分税制财政管理体制的决定》，并于 1994 年开始实施。据此，我国财政体制进行了重大调整，开始统一实行分税制的财政体制。分税制的主要内容之一是按照中央与地方政府的事权划分，合理确定各级财政的支出范围。即划分中央与地方的财权，在一定程度上划分中央和地方政府的事权，以此规范中央与地方的关系。改革的目的是提高国家财政收入占国内生产总值的比重和中央财政收入占国家财政收入的比重，使大部分税收集中于中央，使中央有能力集中精力办大事。但是，分税制改革却使地方财力的增长受到了限制，地方财力特别是县乡财政因此更加困难。在财力逐步向中央集中的同时，并没有对相应的中央和地方的事权进行配套改革，形成了财权不断向上集中、事权不断下移的局面，分税制也造成区域间财力差距拉大。虽然政府间财政体制进行了调整，但义务教育管理体制没有相应改变，这就使“地方负责，分级管理”的义务教育财政体制面临很多困难。一是政府义务教育经费投入与政府财力结构不对称。由于分税制没有涉及地方政府之间的事权划分，因此分税制后各级政府的事权与包干制时相比基本没有变化，财力层层向上集中，县乡政府的事权并没有减轻，而县级财政收入能力越来越弱，不能满足义务教育刚性支出的需要。二是地区间财力差距拉大，制约了义务教育均衡发展。这样就不可避免地造成城乡之间和东、中、西部地区农村之间义务教育财政投入的差距，损害了义务教育的公平性。因此，由于分税制财政体制实施后使国民收入分配地区之间、城乡之间的差距进一步扩大，结果使义务教育发展不均衡的问题不仅没有缓解，反而有拉大的趋势。

由于义务教育发展不均衡的问题日趋严重，农村地区出现了义务教育阶段收费不规范，乱收费现象严重蔓延。因此国务院在 1999 年 10 月 29 日，发布了《国务院办公厅转发中央农村工作领导小组办公室关于农村中小学收费问题调查报告的通知》，通知中对农村中小学乱收费现象提出建议，指出要努力增加经费投入。义务教育属于一般性政府公共事务，有关资金应主要来自政府。各级地方政府要按照《中华人民共和国教育法》的有关规定，增加对义务教育经费的投入。进一步加大中央和省级政府对贫困地区义务教育经费转移支付力度，积极扶持中西部地区发展义务教育事业。同时还提出要求：加强教育资金的征管和监督。要进一步加大农村教育事业费附加和城市教育费附加的征收力度，做到应征不漏。对城市教育费附加、农村教育事业费附加以及中小学收费收入，应按照有关规定纳入财政预算或财政预算外资金专户，实行收支两条线管理，专项用于教育事业，严禁截留、挪用。

2001 年 5 月 29 日，国务院发布《国务院关于基础教育改革与发展的决定》，在文件中提出要确立基础教育的地位，并进一步重视农村义务教育的发展状况。文件指出，在实行农村税费改革试点的地区，要把农村税费改革与促进农村义务教育健康发展结合起来，对因税费改革而减少的教育经费，有关地方人民政府应在改革后的财政预算和上级转移支付资金中优先安排，确保当地农村义务教育投入不低于农村税费改革前的水平。文件还指出，要合理安排农村中小学正常运转所需经费。由省级人民政府根据当地农村中小学实际公用经费支出情况，核定本地区该项经费的标准和定额。除从学校按规定收取的杂费中开支外，其余不足部分由县、乡两级人民政府予以安排。对于当时农村乱收费的现象，文件中也做出了明确的规定，各地需要采取有力措施，坚决刹住一些地方和学校的乱收费，控制学校收费标准，切实减轻学生家长特别是农村学生家长负担。在国家扶贫开发工作重点县等农村贫困地区义务教育阶段，实行由中央有关部门规定杂费、书本费标准的“一费制”收费制度；对其他地区，由省级人民政府按照国家有关规定，结合当地实际，确定本地区杂费、书本费的标准。杂费收入应全部用于补充学校公用经费的不足，不得用于教师工资、津贴、福利、基建等开支。地方各级人民政府和任何单位不得截留、平调和挪用农村中小学收费资金；严禁借收费搞不正之风和腐败行为。

2001 年，北京市人民政府推出了《北京市人民政府贯彻〈国务院关于基础教育改革与发展的决定〉的意见》，文件中提出：完善以政府投入为主，多种渠道筹措教育经费的基础教育投入体制。根据中小学实际公用经费支出情况和发展基础教育的新要求，调整本市普通教育事业公用经费定额标准。制定九年义务教育投入保障办法，依法保证各级政府对义务教育的投入。市级财政要通过以市级教育费附加转移支付、安排专项经费等方式，加大对基础教育的支持，特别要向经济实力较弱地区适度倾斜。区（县）政府要确保财政用于中小学教育事业费的增长比例高于财政经常性收入的增长比例，市级财政用于教育的转移支付资金要专款专用，按公用经费定额标准分年度实施计划及时足额拨付给学校，保障中小学教育教学正常运转。中小学杂费收入全部用于补充公用经费的不足，不得用于教师工资、津贴、福利、基建等开支。从 2001 年起，农村中小学教师工资的发放由区（县）政府统一管理。各级政府要把农村中小学建设列入基础设施建设的统一规划，统筹安排相应的校舍建设资金。乡镇、村对新建、扩建校舍所需土地，应按照有关规定及时进行划拨。加强农村教育费附加的征管力度。农村教育费附加由乡（镇）政府组织征收和管理。没有落实具体征管部门或单位的，由区（县）政府加以明确。严禁通过学校向学生和家长征收农村教育费附加。积极鼓励企业、社会团体和公民个人对基础教育捐赠。捐赠者享受国家有关优惠政策。对纳税人通过非营利的社会团体和国家机关向农村义务教育的捐赠，在应纳税所得额中全额扣除。对捐助基础教育有突出贡献的单位和个人予以表彰。逐步完善非义务教育的成本分担机制。要合理确定收费标准并完善调节机制。进一步健全贫困生奖、贷、助学金制度，提高普通高中宏志奖学金的奖助比例，保障弱势学生群体受教育的权利。积极利用银行贷款等融资手段筹集资金，加快基础教育发展。同时，进一步加强财务管理，对专项经费的立项、审批、执行进行严格管理，建立教育专项经费的文本合同制度，努力提高教育经费使用效益。

2004 年 3 月 3 日，国务院批转教育部《2003—2007 年教育振兴行动计划》，文件在义务教育经费方面，要明确各级政府保障农村义务教育投入的责任;中央、省和地(市)级政府通过增加转移支付,增强财政困难县义务教育经费的保障能力。

2005 年,财政部、教育部共同发布《关于加快国家扶贫开发工作重点县“两免一补”实施步伐有关工作的意见》，提出从 2005 年春季学期起，中央对国家扶贫开发工作重点县的农村义务教育阶段贫困家庭学生全部免费发放教科书，地方政府对这些学生要相应落实免杂费，并逐步补助寄宿生生活费的责任。该文件主要包括以下几个内容：对农村义务教育阶段贫困家庭学生实行“两免一补”（免书本费、免杂费、补助寄宿生生活费）政策；各地财政、教育部门要结合农村贫困人口的有关标准和农村贫困家庭学生就学的实际情况，制订科学合理的享受“两免一补”政策的贫困家庭学生标准，合理确定资助对象；中央财政从 2005 年春季起将提高免费教科书补助标准；各地要调整财政支出结构，在加大财政教育投入的同时，确保地方政府负责的免杂费和补助寄宿生生活费资金的落实。国家扶贫开发工作重点县免杂费资金由地方财政在上级财政性转移支付资金和自有资金中统筹安排，足额到位；中央财政对于“两免一补”工作做得扎实、资金安排到位的省、自治区、直辖市，将通过中央对地方基础教育“以奖代补”专项资金给予奖励；对政策落实不到位的地区给予通报批评，性质严重的按规定通过相关财政手段处理。该文件主要关注农村义务教育公平现象。

2005 年，国务院发布《国务院关于深化农村义务教育经费保障机制改革的通知》，该文件对义务教育阶段教育财政问题有着非常重要的影响。文件中指出：全部免除农村义务教育阶段学生学杂费，对贫困家庭学生免费提供教科书并补助寄宿生生活费。提高农村义务教育阶段中小学公用经费保障水平。在免除学杂费的同时，先落实各省（自治区、直辖市）制订的本省（自治区、直辖市）农村中小学预算内生均公用经费拨款标准，所需资金由中央和地方按照免学杂费资金的分担比例共同承担。建立农村义务教育阶段中小学校舍维修改造长效机制。对中西部地区，中央根据农村义务教育阶段中小学在校生人数和校舍生均面积、使用年限、单位造价等因素，分省（自治区、直辖市）测定每年校舍维修改造所需资金，由中央和地方按照 5∶5 比例共同承担。巩固和完善农村中小学教师工资保障机制。中央继续按照现行体制，对中西部及东部部分地区农村中小学教师工资经费给予支持。省级人民政府要加大对本行政区域内财力薄弱地区的转移支付力度，确保农村中小学教师工资按照国家标准按时足额发放。

该文件还规定了实施的具体步骤如下：至 2006 年，西部地区农村义务教育阶段中小学生全部免除学杂费；中央财政同时对西部地区农村义务教育阶段中小学安排公用经费补助资金，提高公用经费保障水平；启动全国农村义务教育阶段中小学校校舍维修改造资金保障新机制。至 2007 年，中部地区和东部地区农村义务教育阶段中小学生全部免除学杂费；中央财政同时对中部地区和东部部分地区农村义务教育阶段中小学安排公用经费补助资金，提高公用经费保障水平。至 2008 年，各地农村义务教育阶段中小学生均公用经费全部达到该省（自治区、直辖市）2005 年秋季学期开学前颁布的生均公用经费基本标准；

中央财政安排资金扩大免费教科书覆盖范围。至 2009 年，中央出台农村义务教育阶段中小学公用经费基准定额，各省（自治区、直辖市）制定的生均公用经费基本标准低于基准定额的差额部分，当年安排 50%，所需资金由中央财政和地方财政按照免学杂费的分担比例共同承担。至 2010 年，农村义务教育阶段中小学公用经费基准定额全部落实到位。

2008 年，国务院进一步改善义务教育学费问题，发布《国务院关于做好免除城市义务教育阶段学生学杂费工作的通知》。通知中指出：从 2008 年秋季学期开始，全部免除城市义务教育阶段公办学校学生学杂费；在接受政府委托、承担义务教育任务的民办学校就读的学生，按照当地公办学校免除学杂费标准，享受补助;免除学杂费的标准,按照各省级人民政府制定的城市义务教育阶段学校“一费制”中杂费标准执行；免除城市义务教育阶段学生学杂费所需资金由省级人民政府统筹落实，省和省以下各级财政予以安排；为支持和引导各地做好免除学杂费的工作，中央财政对已经整体免除城市义务教育阶段学生学杂费的省份，从免除之日起，按照免除学杂费资金的一定比例，安排奖励资金对享受城市居民最低生活保障政策家庭的义务教育阶段学生，继续免费提供教科书，并对家庭经济困难的寄宿学生补助生活费。

从表 4-4 和表 4-5 的数据可以看出，在数额上，无论是初中还是小学，从 1998 年起，在教育经费收入总额上都呈现增长的态势。小学阶段以及初中阶段的社会捐赠收入从 1998 年起呈波动状发展的趋势，随着年份不规律地在一定数额内呈增减变化。校办产业则在数额上不断下降，到了 2010 年，小学和初中的校办产业规模都只有 1998 年的几十分之一，这反映了义务教育阶段主要由政府进行投资。

1998—2010 年北京市小学阶段教育经费收入来源情况一览表

表 4-4　　单位：千元

年份	总计	公共财政预算内经费	各级政府税费	校办产业	社会捐赠	事业收入	其他收入
1998	1781299	1238981	108696	31577	75367	173764	152914
1999	2011096	1458956	130906	33807	88724	172434	126269
2000	2404109	1742083	188144	32960	98748	221642	120532
2001	2794691	2058697	215227	31783	44705	279293	164986
2002	3130744	2379778	181606	12027	98571	290816	167946
2003	3562822	2719875	249147	12838	64027	357829	159106
2004	4179181	3283561	264445	6352	89795	336187	198841
2005	4611712	3588093	337070	7229	92512	347121	239687

续表 4–4

年份	总计	公共财政预算内经费	各级政府税费	校办产业	社会捐赠	事业收入	其他收入
2006	5357220	4333855	336367	8403	105111	350026	223458
2007	7565046	6329793	420155	376	105231	597139	112352
2008	8796314	7389631	606553	5886	83649	602763	107832
2009	10288079	8717631	750109	3191	129647	539228	148273
2010	12401019	10577234	768220	5726	92461	799663	157715

1998—2010 年北京市初中阶段教育经费收入来源情况一览表

表 4–5　　单位：千元

年份	总计	公共财政预算内经费	各级政府税费	校办产业	社会捐赠	事业收入	其他
1998	1453705	904729	109319	45893	96384	189037	108343
1999	1662522	1047692	123205	47751	103216	230959	109699
2000	1906912	1208166	143939	38932	139401	276893	99581
2001	2480981	1603548	183944	45654	62862	402683	182290
2002	2957771	1950284	259229	24521	161693	427887	134157
2003	3306376	2097848	269660	20442	100541	544434	273451
2004	3419974	2295103	329403	13347	90538	515258	176325
2005	3533982	2415105	321368	10370	76682	531987	178470
2006	4394441	2840962	406563	10477	115033	535837	485569
2007	6038801	4515862	472876	53	100890	733493	215627
2008	6247838	5000135	581125	2514	121289	436626	106149
2009	7277160	6067097	446577	9188	112593	520998	120707
2010	9330080	8062635	497948	1702	93644	523425	150726

在经费来源结构上，义务教育阶段的主要收入来源是公共财政预算内教育经费，并且其占总收入的比例呈不断上升的趋势。从 1998 年到 2010 年，小学阶段预算内教育经费占总教育经费的比例从 69% 左右上升到 85% 左右，初中阶段也从 62% 左右上升到 86% 左右，占了教育总收入的绝大部分。另一项占比比较大的是各级政府的税费收入，由于预算内教育经费增长幅度较大，因此在占比上各级政府的教育税收的增长幅度不大。近年来，公共预算内的教育经费以及各级政府的教育税收两项收入的占比之和已经超过了 90%，组成了教育经费收入的绝大部分。校办产业绝对值在下降，因此随着总数的增加，其占比大幅下降，在 1998 年左右还能够分别占到 1.7% 和 3.1% 以上，而到了 2010 年，这一部分的收入占总收入的比例几乎可以忽略不计。随着预算内教育经费的上涨，社会捐赠收入以及事业费收入在绝对数额没有太大变化的情况下占比进一步降低，无论是小学还是初中，到了 2010 年，这两项占比之和

都在 7% 左右（见表 4–6 和表 4–7）。

1998—2010 年北京市小学阶段教育经费收入来源占比情况一览表

表 4–7　　单位：%

年份	总计	公共财政预算经费	各级政府税费	校办产业	社会捐赠	事业收入	其他收入
1998	100	69.55	6.10	1.77	4.23	9.75	8.58
1999	100	72.55	6.51	1.68	4.41	8.57	6.28
2000	100	72.46	7.83	1.37	4.11	9.22	5.01
2001	100	73.66	7.70	1.14	1.60	9.99	5.90
2002	100	76.01	5.80	0.38	3.15	9.29	5.36
2003	100	76.34	6.99	0.36	1.80	10.04	4.47
2004	100	78.57	6.33	0.15	2.15	8.04	4.76
2005	100	77.80	7.31	0.16	2.01	7.53	5.20
2006	100	80.90	6.28	0.16	1.96	6.53	4.17
2007	100	83.67	5.55	0.00	1.39	7.89	1.49
2008	100	84.01	6.90	0.07	0.95	6.85	1.23
2009	100	84.74	7.29	0.03	1.26	5.24	1.44
2010	100	85.29	6.19	0.05	0.75	6.45	1.27

1998—2010 年北京市初中阶段教育经费收入来源占比情况一览表

表 4–7　　单位：%

年份	总计	公共财政预算经费	各级政府税费	校办产业	社会捐赠	事业收入	其他收入
1998	100	62.24	7.52	3.16	6.63	13.00	7.45
1999	100	63.02	7.41	2.87	6.21	13.89	6.60
2000	100	63.36	7.55	2.04	7.31	14.52	5.22
2001	100	64.63	7.41	1.84	2.53	16.23	7.35
2002	100	65.94	8.76	0.83	5.47	14.47	4.54
2003	100	63.45	8.16	0.62	3.04	16.47	8.27
2004	100	67.11	9.63	0.39	2.65	15.07	5.16
2005	100	68.34	9.09	0.29	2.17	15.05	5.05
2006	100	64.65	9.25	0.24	2.62	12.19	11.05
2007	100	74.78	7.83	0.00	1.67	12.15	3.57
2008	100	80.03	9.30	0.04	1.94	6.99	1.70
2009	100	83.37	6.14	0.13	1.55	7.16	1.66
2010	100	86.42	5.34	0.02	1.00	5.61	1.62

从北京市城乡义务教育阶段经费收入来看，北京市普通小学和初中城乡教育经费收入都得到大幅度的增加，其中，城镇普通小学教育经费收入由 2000 年的 177711 万元增加到 2010 年的 739344 万元，增加了 3.2 倍左右，农村普通小学教育

经费收入由2000年的75362万元增加到2010年的474903万元,增加了5.3倍左右;城镇普通初中教育经费收入由2000年的103556万元增加到了2010年的621097万元，增加了4.9倍左右，农村普通初中教育经费收入也由2000年的47384万元增加到2010年的286559万元，增加了5倍左右，城乡普通小学和初中教育经费收入的不断增加为城乡义务教育的发展提供了充足的物质保证（见表4–8和表4–9）。

表4–8　2000—2010年北京市城乡普通小学教育经费收入情况一览表

单位：万元

年份	2000	2001	2002	2003	2004	2005	2006	2007	2008	2009	2010
普通小学	253073	291524	328557	359816	422486	465402	544214	747224	871704	1025874	1214247
其中：城镇	177711	206630	229688	247604	285996	316602	372850	466682	536202	645648	739344
农村	75362	84894	98869	112212	136491	148799	171364	280542	335502	380226	474903

资料来源：历年《北京统计年鉴》

表4–9　2000—2010年北京市城乡普通初中教育经费收入情况一览表

单位：万元

年份	2000	2001	2002	2003	2004	2005	2006	2007	2008	2009	2010
普通初中	150940	191044	207056	231757	253265	274768	330199	589293	624676	712415	907656
其中：城镇	103556	133383	148509	163934	173047	186760	214568	396612	429175	488854	621097
农村	47384	57661	58547	67824	80218	88008	115631	192681	195501	223561	286559

资料来源：历年《北京统计年鉴》

在教育经费收入来源结构上，义务教育阶段的主要收入来源是公共财政预算内教育经费。由表4–10和表4–11可知，普通小学和初中城乡预算内教育经费收入都不断增加。其中，城镇普通小学预算内教育经费由2000年的114717万元增加到2010年的635497万元，增加了4.5倍左右，农村普通小学预算内教育经费由2000年的64460万元增加到2010年的431256万元，增加了5.7倍左右，农村普通小学预算内教育经费的增幅大于城镇预算内教育经费的增幅；城镇普通初中预算内教育经费由2000年的59848万元增加到549712万元，增加了8.2倍，农村普通初中预算内教育经费由2000年的36314万元增加到2010年的262120万元，增加了6.2倍，城镇普通初中预算内教育经费的增幅大于农村预算内教育经费的增幅。

2000—2010 年北京市城乡普通小学预算内教育经费收入情况一览表

表 4–10　　　　单位：万元

年份	2000	2001	2002	2003	2004	2005	2006	2007	2008	2009	2010
普通小学	179177	210187	2459734	273544	330231	360459	436753	636770	743383	877161	1066753
其中：城镇	114717	137101	159051	176089	213552	232962	288078	386757	453411	544975	635497
农村	64460	73086	86923	97455	116679	127497	148675	250014	289972	332186	431256

资料来源：历年《北京统计年鉴》

2000—2010 年北京市城乡普通初中预算内教育经费收入情况一览表

表 4–11　　　　单位：万元

年份	2000	2001	2002	2003	2004	2005	2006	2007	2008	2009	2010
普通初中	96162	124827	143585	152334	174490	194613	217564	455319	504704	609927	811831
其中：城镇	59848	81706	95285	96572	109186	121974	135992	286913	331364	408306	549712
农村	36314	43121	48300	55762	65304	72639	81572	168407	173340	201621	262120

资料来源：历年《北京统计年鉴》

第三节　义务教育经费使用

北京市在实施《义务教育法》的过程中提出，要保证教职工工资和学生人均公用经费逐步增长，并将新增教育经费主要用于农村学校和城镇地区薄弱学校。教育费附加主要用于实施义务教育。

1995 年，国家教委、财政部出台《关于健全中小学学生助学金制度的通知》，指出各地应根据实际情况，在初级中等学校和部分小学实行助学金制度，助学金每年评定一次，以抵减该生的书本费、杂费、寄宿费的方式发放，原则上不发给学生本人。对于助学金的来源，按照财政体制和教育管理体制，实行分级管理、分级负担，由各级财政安排的教育事业费统筹解决，不足部分可通过教育基金、学校勤工俭学收入等多渠道解决。

1999 年，《国务院办公厅转发中央农村工作领导小组办公室关于农村中小学收费问题调查报告的通知》指出，有关部门要加强教育资金的统筹使用和监督，并千方百计确保中小学教师工资及时足额发放，确保教师队伍稳定。

2001 年，《国务院关于基础教育改革与发展的决定》指出，政府有关部门和学校要进一步加强财务管理，努力提高经费使用效益。对于助学金这一块也有明确的规定，各级人民政府要完善并落实中小学助学金制度。从 2001 年开始，对贫困地区家庭经济困难的中小学生进行免费提供教科书制度的试点，在农村地区推广使用经济适用型教材。采取减免杂费、书本费、寄宿费等办法减轻家庭经济困难学生的负担。

2004 年，《2003—2007 年教育振兴行动计划》指出，要建立和完善农村中小学投入保障机制，确保农村中小学教职工工资按时足额发放，确保农村中小学校舍的维护、改造和建设，确保维持学校正常运转的基本支出需要。在助学经费方面，提出要继续设立中小学助学金，对家庭经济困难学生，逐步扩大免费发放教科书的范围，逐步免除杂费，为寄宿学生提供必要的生活补助；通过给学校划拨少量土地或提供劳动实践场所，帮助学生勤工助学并改善生活；广泛动员和鼓励机关、团体、企事业单位和公民捐资助学。到 2007 年，争取全国农村义务教育阶段家庭经济困难学生都能享受到“两免一补”（免杂费、免书本费、补助寄宿生生活费），努力做到不让学生因家庭经济困难而失学。

2005 年，市教委和市人民政府教育督导室共同出台《关于实施初中建设工程的意见》，提出调整教育经费支出结构，加大对初中教育的投入。各区（县）要根据本地区实际，每年确定一定数额的专项资金用于初中建设，特别要集中力量加快办学困难纯初中学校的建设，尽快缩小辖区内校与校之间办学条件的差距。市级财政每年安排专项资金，用于补助区（县）办学困难学校建设工作和奖励义务教育均衡发展、推进有效且初中教育整体水平明显提高的区（县）。

2006 年，市教委和市财政局共同出台了《关于进一步完善义务教育阶段“两免一补”政策的通知》，该通知进一步扩大“两免一补”政策范围，对 10 个远郊区县公办义务教育学校中农村户籍的住宿生、工读学校的住宿生、城乡低保家庭的住宿生免交寄宿费，每人每月发放 100 元伙食补助。减免费用由市、区（县）财政共同承担，在“教育事业费”中列支。由于寄宿费标准由各区县政府审批，减免寄宿费纳入学校预算，由所在区（县）政府补助；减免政策经费，按市、区（县）两级政府各 50% 的比例分担。

2007 年，市教委和市财政局下发了《关于调整北京市基础教育公用经费定额标准的通知》，提出市级在本级教育事业费支持基础教育事业发展经费中安排专项资金，对财力薄弱区（县）予以补助。补助内容为按新标准调整后公用经费新增部分（剔除减免杂费补助经费）。其中，市级财政将对崇文区、宣武区、丰台区、石景山区、门头沟区、顺义区、怀柔区给予公用经费新增部分 30% 的补助；对昌平区、通州区、大兴区、房山区、平谷区、密云县、延庆县、燕山分局给予公用经费新增部分 50% 的补助。自 2007 年起，市级补助经费分两年到位，其中，2007 年按市级补助经费的 74% 到位，2008 年补助剩余部分。

2007 年，国务院批转教育部《国家教育事业发展“十一五”规划纲要》，在通知中提到：落实义务教育经费保障新机制。制定出台生均公用经费基准定额，提高农村义务教育阶段中小学公用经费保障水平。如期实现西部地区“两基”攻坚目标。采取有效措施巩固义务教育普及的成果，把普及九年义务教育提高到一个新水平。国家制订义务教育基本办学标准和质量标准，省级政府负责统筹规划实施，县级以上政府要均衡配置教育资源。进一步加大薄弱学校改造力度，努力办好每一所学校，使各学校办学条件、经费、投入和校长、教师的配备及其待遇大致均衡。同时，该通知关注农村教师问题，提出完善农村中小学教师工资经费保障机制，确保工资按时足额发放。依法落实义务教育阶段资助政策，在农村并逐步在城市免除义务教育阶段学杂费。全面落实对农村家庭经济困难学生免费提供课本和补助寄宿生生活费政策。城市低保家庭义务教育阶段学生也享受免除学杂费、免费提供课本和补助寄宿生生活费政策。

此外，在 2007 年，市教委和市政府教育督导室制定了《关于实施小学规范化建设工程的意见》，该意见指出市、区（县）要进一步调整教育经费支出结构，加大对小学教育的投入。市级财政每年安排专项资金，用于推进小学规范化建设工程，补助区（县）办学困难学校建设工作和奖励小学教育整体水平明显提高的区（县）。各区县要根据本区域实际，每年确定一定数额的专项资金用于小学规范化建设工程，特别是要集中力量加快城镇地区办学困难小学和农村地区完全小学的建设，尽快缩小辖区内校际办学条件差距。市级财政经费每年重点支持 100 所小学的办学条件达标工作。

2010 年，市教委和市财政局制定《关于调整本市基础教育公用经费定额标准的通知》，其中规定小学公用经费定额为每生年标准 880 元，初中公用经费定额为每生年标准 990 元，并对不同项目的公用经费标准进行了规定。并且调整后的公用经费定额标准为维持学校正常运转的最低标准，市级财政结合各区县财力状况、学生人数、区域功能定位情况，按照不同比例加大对区（县）教育经费补助力度。

从 1995 年以来的预算内教育经费支出的数额来看，在小学阶段，预算内教育经费支出总数呈不断上升的趋势，而初中阶段教育经费总数则是从 1995 年至 1997 年经历了一个增长的过程，1998 年北京市初中预算内教育经费支出出现了下降，随后又不断上升。而就其中具体的各个部分而言，个人部分和公用部分的增长趋势与义务教育阶段生均教育经费支出总数的增长情况类似，小学阶段不断上升，初中阶段在 1998 年左右下跌，随后又不断上升。而其中的基建部分支出的变化幅度比较大，无论是小学还是初中，整体的基建支出趋势在不断上升，而其中个别年份出现了数额上波动的情况。

从义务教育阶段预算内教育支出的结构来看，个人部分一直以来都是支出中占比最大的部分，公用部分其次，基建支出最小。但是从支出结构的历年变化趋势来看，无论是小学还是初中，个人部分的教育经费支出占比虽然仍然是最大，但是其占预算内教育支出的比例不断下降，而公用部分和基建支出则呈波动上升的趋势（见表 4–12 和表 4–13）。

表 4–12　1995—2010 年北京市小学阶段预算内教育经费支出状况一览表

单位：千元、%

年份	预算内支出总额	个人部分	个人部分占比	共用部分	公用部分占比	基建支出	基建支出占比
1995	809369	639271	78.98	149864	18.52	20234	2.50
1996	1000122	788006	78.79	202087	20.21	10029	1.00
1997	1230049	928308	75.47	292199	23.76	9542	0.78
1998	1254222	970580	77.39	282042	22.49	1600	0.13
1999	1342144	1010989	75.33	327655	24.41	3500	0.26
2000	1594412	1209052	75.83	352651	22.12	32709	2.05
2001	1836184	1389538	75.68	421061	22.93	25585	1.39
2002	2023084	1510561	74.67	453786	22.43	58737	2.90
2003	2236119	1633424	73.05	565060	25.27	37635	1.68
2004	2759935	2044139	74.06	633108	22.94	82688	3.00
2005	3056424	2150124	70.35	784904	25.68	121396	3.97
2006	3499280	2382154	68.08	1020126	29.15	97000	2.77
2007	5169619	2861964	55.36	1935432	37.44	372223	7.20
2008	6496805	3656519	56.28	2675398	41.18	164888	2.54
2009	7515308	4255230	56.62	2896432	38.54	363646	4.84
2010	9276460	5219597	56.27	3525961	38.01	530902	5.72

表 4–13　1995—2010 年北京市初中阶段预算内教育经费支出状况一览表

单位：千元、%

年份	预算内支出总额	个人部分	个人部分占比	公用部分	公用部分占比	基建支出	基建支出占比
1995	698823	510220	73.01	177125	25.35	11478	1.64
1996	948336	667402	70.38	270297	28.50	10637	1.12
1997	1144499	778823	68.05	359100	31.38	6576	0.57
1998	925110	656476	70.96	268015	28.97	619	0.07
1999	964480	662389	68.68	294980	30.58	7111	0.74
2000	1114946	765135	68.63	326379	29.27	23433	2.10
2001	1403381	953565	67.95	422387	30.10	27429	1.95
2002	1702411	1125541	66.11	542656	31.88	34214	2.01
2003	1820185	1185440	65.13	580813	31.91	53932	2.96

续表 4–13

年份	预算内支出总额	个人部分	个人部分占比	公用部分	公用部分占比	基建支出	基建支出占比
2004	2005576	1370005	68.31	573082	28.57	62489	3.12
2005	2078693	1355540	65.21	653646	31.45	69507	3.34
2006	2779048	1589219	57.19	849616	30.57	340213	12.24
2007	3771651	1782957	47.27	1640564	43.50	348130	9.23
2008	4361708	2306809	52.89	1797798	41.22	257101	5.89
2009	5327431	2826017	53.05	1960190	36.79	541224	10.16
2010	7140505	3469475	48.59	2439318	34.16	1231712	17.25

从生均教育经费支出来看，北京市小学阶段生均教育经费支出总量在不断快速增加，从 1995 年的 1040.05 元增加到 2004 年的 6411.28 元，增加了 5 倍左右。其中，个人部分支出和公用部分支出都呈不断增长的趋势，基本建设支出部分呈现先下降后增长的趋势。在支出比例上，个人部分占比最大，其次为公用部分占比，基本建设支出占比最小。其中，个人部分占比在波动中增加，公用部分占比有所下降，基本建设支出占比变化幅度较小（见表 4–14）。

表 4–14　1995—2010 年北京市小学阶段生均教育经费支出状况一览表

单位：元、%

年份	总计	个人部分	个人部分占比	公用部分	公用部分占比	基本建设支出	基本建设支出占比
1995	1040.05	696.73	66.99	318.38	30.61	24.94	2.40
1996	1322.60	866.96	65.55	440.41	33.30	15.22	1.15
1997	1576.81	1020.10	64.69	542.24	34.39	14.47	0.92
1998	1808.49	1216.63	67.27	590.18	32.63	1.68	0.09
1999	2253.39	1491.86	66.21	757.62	33.62	3.91	0.17
2000	2894.93	1993.37	68.86	848.78	29.32	52.77	1.82
2001	3683.93	2548.99	69.19	1100.48	29.87	34.45	0.94
2002	4553.12	3201.40	70.31	1240.85	27.25	110.87	2.44
2003	5245.24	3663.39	69.84	1517.80	28.94	64.05	1.22
2004	6411.28	4483.04	69.92	1730.03	26.98	198.21	3.09

说明：因为 2004 年后《中国教育经费统计年鉴》上没有小学阶段生均教育经费支出，因此只梳理到 2004 年

从生均教育经费支出来看，北京市初中阶段生均教育经费支出总量也在不断快速增加，从 1995 年的 1430.54 元增加到 2004 年的 4746.75 元，增加了 2.3 倍。个人部分支出和公用部分支出都呈不断增长的趋势，基本建设支出部分从 2003 年起增长较快。在支出比例上，个人部分占比仍最大，其次为公用部分占比，基本建设支出占比最小。基本建设支出占比较低，但有所增加（见表 4–15）。

表 4-15　1995—2004 年北京市初中阶段生均教育经费支出状况一览表

单位：元、%

年份	总计	个人部分	个人部分占比	公用部分	公用部分占比	基本建设支出	基本建设支出占比
1995	1430.54	1044.45	73.01	362.59	25.35	23.50	1.64
1996	1852.77	1303.90	70.38	528.08	28.50	20.78	1.12
1997	2286.82	1556.16	68.05	717.52	31.38	13.14	0.57
1998	2016.46	1430.92	70.96	584.19	28.97	1.35	0.07
1999	2171.99	1491.69	68.68	664.29	30.58	16.01	0.74
2000	2467.93	1693.62	68.63	722.44	29.27	51.87	2.10
2001	2897.05	1968.48	67.95	871.95	30.10	56.62	1.95
2002	3340.29	2208.42	66.11	1064.74	31.88	67.13	2.01
2003	3793.11	2470.36	65.13	1210.36	31.91	112.39	2.96
2004	4746.75	3242.49	68.31	1356.36	28.57	147.90	3.12

说明：因为 2004 年后《中国教育经费统计年鉴》上没有初中阶段生均教育经费支出，因此只梳理到 2004 年

由表 4-16 可知，北京市城乡普通小学教育经费支出都在不断增加。城镇普通小学教育经费支出由 2003 年的 237334 万元增加到 2010 年的 731521 万元，增加了 2.1 倍；农村普通小学教育经费支出由 2003 年的 109814 万元增加到 2010 年的 475057 万元，增加了 3.3 倍。农村普通小学教育经费支出的增幅大于城镇教育经费支出的增幅，可知在 2003—2010 年期间，北京市加强了对农村普通小学教育经费的支出，大力发展农村教育。

表 4-16　2003—2010 年北京市城乡普通小学教育经费支出情况一览表

单位：万元

年份	合计		事业性经费支出		基本建设支出	
	城镇	农村	城镇	农村	城镇	农村
2003	237334	109814	233259	109684	4076	130
2004	282023	134515	272160	131632	9863	2883
2005	311971	145369	301181	143234	10789	2136
2006	346071	164522	339371	161422	6700	3100
2007	438781	268270	413209	256473	25572	11798
2008	528671	334068	518404	327769	10267	6298
2009	614220	379854	597504	360112	16715	19741
2010	731521	475057	718810	434677	12710	40380

资料来源：历年《北京统计年鉴》，由于在年鉴中 2003 年之前关于城乡教育经费支出的数据未统计，因此从 2003 年开始梳理

其中，在事业性教育经费支出上，北京市城镇普通小学事业性经费支出由2003年的233259万元增加到2010年的718810万元，增加了2.1倍；农村普通小学事业性经费支出由2003年的109684万元增加到2010年的434677万元，增加了3倍左右。农村普通小学事业性经费支出的增长幅度大于城镇事业性经费支出的增长幅度。

在基本建设支出上，北京市城镇普通小学基本建设支出由2003年的4076万元增加到2010年的12710万元，农村普通小学基本建设支出由2003年的130万元增加到2010年的40380万元,可知北京市政府在农村基本建设上支出增幅较大，通过加强对农村普通小学基础设施的建设来改善农村小学的办学条件，促进农村小学教育的发展。

从北京市城乡普通小学教育经费支出占比来看，北京市城镇和农村事业性教育经费支出占比一直以来都是支出中占比最大的部分，基建支出占比很小。城镇普通小学事业性经费支出占比基本保持不变，基本建设支出占比在2007年较大；农村事业性经费支出占比有所下降，基本建设支出占比在2009年和2010年上升幅度较大，可知北京市在2009年和2010年加强了对农村普通小学办学条件的改善（见表4–17）。

表4–17　2003—2010年北京市城乡普通小学教育经费支出占比情况一览表

单位：%

年份	合计		事业性经费支出占比		基本建设支出占比	
	城镇	农村	城镇	农村	城镇	农村
2003	100	100	98.28	99.88	1.72	0.12
2004	100	100	96.50	97.86	3.50	2.14
2005	100	100	96.54	98.53	3.46	1.47
2006	100	100	98.06	98.12	1.94	1.88
2007	100	100	94.17	95.60	5.83	4.40
2008	100	100	98.06	98.11	1.94	1.89
2009	100	100	97.28	94.80	2.72	5.20
2010	100	100	98.26	91.50	1.74	8.50

资料来源：历年《北京统计年鉴》，由于在年鉴中2003年之前关于城乡教育经费支出的数据未统计，因此从2003年开始梳理

由表4–18可知，北京市城乡普通初中教育经费支出都在不断增加。城镇普通初中教育经费支出由2003年的154429万元增加到2010年的633200万元，增加了3.1倍；农村教育经费支出从2003年的63917万元增加到2010年的283859万元，增加了3.4倍。农村普通初中教育经费支出的增幅大于城镇教

育经费支出的增幅，北京市加强了对农村普通初中教育经费的支出，大力发展农村教育。

2003—2010 年北京市城乡普通初中教育经费支出情况一览表

表 4–18 单位：万元

年份	合计		事业性经费支出		基本建设支出	
	城镇	农村	城镇	农村	城镇	农村
2003	154429	63917	146424	63697	8006	220
2004	158276	78452	156216	77052	2060	1400
2005	170130	84631	168300	83441	1830	1190
2006	220726	110841	206953	95430	13774	15411
2007	381548	186452	361044	171537	20504	14915
2008	428906	192371	416523	178844	12384	13527
2009	490738	228095	455391	209320	35347	18775
2010	633200	283859	533432	260456	99768	23403

数据来源：历年《北京统计年鉴》，由于在年鉴中 2003 年之前关于城乡教育经费支出的数据未统计，因此从 2003 年开始梳理。

其中，在事业性教育经费支出上，北京市城镇普通初中事业性经费支出由 2003 年的 146424 万元增加到 2010 年的 533432 万元，增加了 2.6 倍；农村普通初中事业性经费支出由 2003 年的 63697 万元增加到 2010 年的 260456 万元，增加了 3 倍左右。农村普通初中事业性经费支出的增长幅度也大于城镇事业性经费支出的增长幅度。

在基本建设支出上，北京市城镇普通初中基本建设支出由 2003 年的 8006 万元增加到 2010 年的 99768 万元，农村普通初中基本建设支出由 2003 年的 220 万元增加到 2010 年的 23403 万元，可知北京市政府在农村基本建设上支出增幅较大，加强了农村普通初中的基本建设。

从北京市城乡普通初中教育经费支出占比来看，北京市城镇和农村事业性教育经费支出占比一直都是支出中占比最大的部分，基建支出占比很小。城镇事业性经费支出占比基本保持不变，但在 2010 年占比减少到 84.24%，基本建设支出占比在 2010 年增加到 15.76%；农村事业性经费支出占比基本呈现逐年下降的趋势，在 2010 年下降到 91.76%，基本建设支出占比有所上升，在 2006 年达到了 13.9%，可以看出北京市也加强了对农村普通初中办学条件的改善（见表 4–19）。

2003—2010 年北京市普通初中城乡教育经费支出占比情况一览表

表 4–19

单位：%

年份	合计		事业性经费支出占比		基本建设支出占比	
	城镇	农村	城镇	农村	城镇	农村
2003	100	100	94.82	99.66	5.18	0.34
2004	100	100	98.70	98.22	1.30	1.78
2005	100	100	98.92	98.59	1.08	1.41
2006	100	100	93.76	86.10	6.24	13.90
2007	100	100	94.63	92.00	5.37	8.00
2008	100	100	97.11	92.97	2.89	7.03
2009	100	100	92.80	91.77	7.20	8.23
2010	100	100	84.24	91.76	15.76	8.24

资料来源：历年《北京教育年鉴》，由于在年鉴中 2003 年之前关于城乡教育经费支出的数据未统计，因此从 2003 年开始梳理

第四节 义务教育办学效益

从北京市普通小学和初中办学效益情况来看，1995—2006 年，北京市普通小学和普通初中年末固定资产总额在逐年增加，并且在 1997—2000 年投入较大的金额用于解决普通小学和初中危房的问题。用于购置专用设备的金额虽在个别年份有所减少，但整体上有所增加，且 2004—2006 年增幅较大（见表 4–20 和表 4–21）。由以上可知，北京市政府不断加大教育投入来改善办学条件，促进义务教育教育的发展。

1995—2006 年北京市普通小学办学效益情况一览表

表 4–20

年份	年末固定资产总额（千元）			本年改造危房		本年购置课桌凳（单人套）		本年购置图书资料		本年购置专用设备金额（千元）
	金额	其中：房屋和建筑物	专用设备	面积（千平方米）	金额（千元）	数量（千套）	金额（千元）	千册	金额（千元）	
1995	1281076	—	—	21	7609	131	8656	1941	5492	—
1996	1420038	—	—	24	7221	58	5054	772	4003	—
1997	1889919	—	—	23	9266	36	3841	873	7041	—
1998	2653603	1958271	263221	22	11127	66	7914	867	7336	63722
1999	2932432	2240391	301585	21	14982	64	7170	1337	8533	58642
2000	3263250	2268794	387296	17	7990	68	8000	915	7200	86000
2001	3271254	2185529	584854	17	6312	90	16980	1085	7776	104750

续表 4-20

年份	年末固定资产总额（千元）			本年改造危房		本年购置课桌凳（单人套）		本年购置图书资料		本年购置专用设备金额（千元）
	金额	其中：房屋和建筑物	专用设备	面积（千平方米）	金额（千元）	数量（千套）	金额（千元）	千册	金额（千元）	
2002	3700786	2493161	747693	—	—	79	48682	2254	18365	137523
2003	4216029	2846453	889730	17	8837	61	13436	407	6855	129671
2004	4887216	3188760	1110902	18	7832	72	10525	438	6103	188353
2005	5722263	3599306	1456292	41	8048	95	12003	1641	23575	293464
2006	6711854	3960084	1896137	12	5383	84	12860	1634	24918	330635

资料来源：历年《中国教育经费统计年鉴》，由于在年鉴中未公布2006年之后的各项数据，因此只梳理到2006年

1995—2006年北京市普通初中办学效益情况一览表

表 4-21

年份	年末固定资产总额（千元）			本年改造危房		本年购置课桌凳（单人套）		本年购置图书资料		本年购置专用设备金额（千元）
	金额	其中：房屋和建筑物	专用设备	面积（千平方米）	金额（千元）	数量（千套）	金额（千元）	千册	金额（千元）	
1995	1067001	—	—	18	4161	112	8615	1256	3897	—
1996	1359087	—	—	20	6543	73	7233	457	3532	—
1997	1637124	—	—	31	13740	54	6240	749	5863	—
1998	2402136	1676362	284724	10	5548	48	5295	580	5633	58408
1999	2570054	1775152	333308	26	12198	72	7146	947	9430	69642
2000	2859288	1823515	432588	16	6080	70	8157	891	8863	88031
2001	2960336	1942175	656852	12	4968	66	7349	1016	10320	98438
2002	3546641	2187164	754792	—	—	68	10209	992	11945	129039
2003	3907506	2516308	853003	9	4739	58	6189	451	8324	143009
2004	4302011	2833012	957550	15	11051	42	4793	342	5589	161065
2005	4393043	2826191	1038361	4	1878	50	6237	875	16609	208606
2006	5460215	3398434	1469353	13	6762	49	18499	973	17363	234881

资料来源：历年《中国教育经费统计年鉴》，由于在年鉴中未公布2006年之后的各项数据，因此只梳理到2006年

第五章　北京市普通高中教育投入

普通高中教育首先是一种普通教育。相对于职业教育、专门教育而言，普通教育是“为未来生活而非职业做准备”的教育。其次，普通高中是基础教育的高级阶段，连接着义务教育与高等教育。普通高中教育以学术性学习为主，担负着为高一级学校输送合格新生以及为国家建设培养劳动后备力量的双重任务，在整个学校教育体系中有承上启下的重要作用。普通高中教育，作为整个教育体系中的一个承上启下的环节，下接初中，上连中学后的各级各类学校教育和社会就业，其功能实现的程度与作用发挥的好坏，不仅直接关系到高中生的前程，也关乎着成千上万个家庭的利益，乃至影响社会的稳定以及和谐社会的构建。

普通高中教育成本分担的问题也是研究界热议的一个问题。有学者认为，就我国现阶段而言，高中教育属于非义务教育，其性质属于准公共产品。这主要是是基于以下两点判断的：第一，高中教育在消费上具有排他性；第二，高中教育具有外部社会效益。在近几年高中教育产品在公共产品和私人产品构成的两级数表轴中，愈来愈趋向于公共产品，也就是说其公共产品属性越来越突出。因此，政府对普通高中教育的投入力度是一个广泛热议的问题，学界基本上达成共识，认为在高中阶段，政府投入应占高中教育财政投入的主要部分。

自 20 世纪 80 年代以来，我国高中教育财政体制经历了从“地方负责，分级管理”的财政体制到“地方负责，分级管理，以县为主”的高中教育财政体制。地方高中的财政权力主要集中在县级政府，形成了以区（县）为中心的教育财政体制，这种局面一直延续至今。

北京市多年以来高度重视高中阶段的教育财政投入，从 20 世纪 90 年代以来至 21 世纪前 10 年，高中教育投入以及结构等方面都取得了长足的发展和优化。以下将结合相关政策以及有关数据，从北京市普通高中教育投入规模发展状况、经费来源状况以及经费使用状况三个方面来讨论北京市普通高中教育投入的发展状况。

第一节　普通高中教育投入规模

1995 年国家教委发布《关于大力办好普通高级中学的若干意见》，对高中阶段教育的重要性做出了陈述。文件中提到：普通高中在我国社会主义教育体系中处于十分重要的位置，是培养德智体全面发展的社会主义建设者和接班人的重要基地，是联系义务教育和高等教育的纽带，是高中阶段教育的重要组成部分，与中专、中技、职高共同形成初中后教育多样化的发展格局。办好普通高中，培养出足够数量的合格高中毕业生，不仅有利于高等教育质量的提高，而且也是一个国家或地区形成雄厚的人力资源的重要标志，将对社会主义两个文明建设和未来发展产生重要的影响。因此，要大力加强高中阶段的教育投入。

1999 年，北京市教委印发《关于示范性普通高中建设工作的若干意见》，该意见指出为保证示范性普通高中建设工作的顺利开展，切实改善这些学校的办学条件，市、区（县）要多方筹集专项经费，加大投入。市政府每年筹措 1 亿元，连续投入 5 年，主要用于补充、更新教学设施、设备，并对校舍改造予以补助。市教委在各区（县）上报的年度建设规划的基础上，确定各年度重点支持的建设项目，予以支持。各区（县）政府要多方筹措经费，加大投入，确保各项建设、改造项目按时完成。

在不同时期政策的实行下，北京市普通高中教育投入大事件如下。

2000 年，市、区（县）共投入资金 1.1 亿元用于 27 所高中学校建设，使得示范高中的建设进展顺利。①

2002 年，市教委投入 8000 万元专项经费支持普通高中扩招，其中 85% 的增招学生进入到优质教育资源高中就读。至 2002 年年底，北京市普通高中连续 9 年大幅度扩大招生，全市 50% 的初中毕业生进入普通高中学习，招生规模达到 8.4 万人。②

2003 年，设立了高中学生宏志奖学金，投入 125 万元支持 2500 名贫困家庭学生继续深造。③

---

① 何劲松：《2000 年北京教育简况》，选自《北京教育年鉴 2001》，朝花少年儿童出版社，2001 年 12 月，第 59 页。

② 熊红：《基础教育综述》，选自《北京教育年鉴 2003》，开明出版社，2003 年 12 月，第 215 页。

③ 张永凯：《基础教育综述》，选自《北京教育年鉴 2004》，开明出版社，2004 年 12 月，第 199 页。

2008 年，北京市政府落实“奖、助、贷”制度，在高中教育资助上重点向农村和弱势群体倾斜，增加宏志奖学金受奖比例，奖励高中贫困学生 2.3 万名，奖助款项达 1150 万元。①

2009 年，北京市进一步落实完善义务教育“两免一补”政策，重点完善本市高中阶段残疾学生资助政策，对在本市特殊教育学校就读的具有本市户籍的普通高中残疾学生免收学杂费和教科书费，每人每年发放 300 元助学补助，对其中的寄宿学生免收寄宿费,并且每人每月提供 160 元伙食补助,每年按 10 个月计发。②

从北京市普通高中阶段教育经费投入总量上来看（见表 5–1），从 1998 年到 2010 年，经费总额在不断上升，从 1998 年的 7 亿余元上升到 2010 年的 64 亿余元，绝对数量上约上升了 9 倍左右。其中 2000 年高中教育经费总量突破 10 亿元，2009 年突破 50 亿元。从增长量上来看，除了 2006 年，其他每一年的增长数量都超过了 1 亿元，其中增长量最高的是 2005 年以及 2010 年，这两年高中教育总投入的增长量都超过了 8 亿元。增长率方面，只有 2006 年的增长率是个位数，其他年份基本上都在 10% 以上,2000 年的高中教育经费总量增幅是最高的,达到了 50.94%。2006 年以后，高中教育经费增幅基本稳定在 10% ~ 20%，呈平稳增长的趋势。

表 5–1　1998—2010 年北京市普通高中阶段教育经费总量发展情况一览表

单位：千元、%

年份	投入总量	增长量	增长率
1998	725919	—	—
1999	887210	161291	22.22
2000	1339147	451937	50.94
2001	1637212	298065	22.26
2002	1915156	277944	16.98
2003	2286090	370934	19.37
2004	2948064	661974	28.96
2005	3790723	842659	28.58
2006	3856776	66053	1.74
2007	4480781	624005	16.18
2008	4970641	489860	10.93
2009	5657022	686381	13.81
2010	6470036	813014	14.37

① 魏旭斌:《基础教育综述》，选自《北京教育年鉴 2009》，华艺出版社，2009 年，第 113 页。

② 聂荣:《2009 年北京教育简况》，选自《北京教育年鉴 2010》，华艺出版社，2010 年 11 月，第 41 页。

第二节　普通高中教育经费来源

1993 年，中共中央、国务院颁布《中国教育改革和发展纲要》，提出多渠道筹措教育经费，即以国家财政拨款为主，辅之以征收用于教育的税费、收取非义务教育阶段学生学杂费、校办产业收入、社会捐资集资和设立教育基金等多种渠道筹措教育经费的体制。这一体制设计时关注的焦点在于教育经费的总量增长，即如何筹措更多的经费支持教育事业的发展。在当时中央放权改革与农民收入增长较快的大背景下，这一体制调动了地方与个人的办学积极性，有力地促进了基础教育事业的发展。

1994 年我国开始进行分税制改革，实行国税和地税两套税收体制。分税制改革使中央拥有消费税、关税、中央企业所得税，地方拥有营业税、个人所得税、地方企业所得税，增值税和资源税是中央和地方政府共享的税种。虽然此次税制改革的目的之一是合理划分中央和地方财政之间财权和事权的范围，但事实上，县、乡却承担了大部分的责任，而乡镇将负担直接转嫁给了农民，农民缴纳教育费附加、教育集资以及学费等。高中教育投入也受到此次分税制改革的影响。

1995 年发布的《关于大力办好普通高级中学的若干意见》中也对普通高中阶段的教育经费来源情况进行了描述，提出要建立以政府拨款为主的多渠道筹措经费的体制，增加对普通高中的投入。市、县财政要适当增加对普通高中的投入和提高生均经费标准，继续鼓励社会集资办学或捐资助学，重点用于危房改造、扩大规模和教学基本条件的发展。各级政府要认真落实国家对校办产业的优惠政策，逐年增加对校办产业的政策性低息贷款，支持普通高中开展勤工俭学，发展校办产业，增加学校的自筹经费。

该文件还提出，普通高中属于非义务教育阶段，可以收取学费，标准和办法由各省、自治区、直辖市政府根据当地实际情况和群众的承受能力，按教育成本的一定比例和物价指数的状况确定。不同地区、不同学校的收费标准可以有所区别。学校不得自定收费项目和标准。

1996 年，国家教育委员会、国家计划委员会、财政部共同发行《普通高级中学收费管理暂行办法》，该办法中明确提出：高中教育属于非义务教育阶段，学校依据国家有关规定，向学生收取学费。学费标准根据年生均教育培养成本的一定比例确定。不同地区学校的学费收费标准可以有所区别。学费是学校经费的必要来源之一，纳入单位财务统一核算，统筹用于办学支出。任何部门、单位和个人不得截留、挤占和挪用。学费的收支情况应按级次向教育主管部门和财政、物价部门报告，并接受社会和群众监督。并强调教育收费管理由各级教育、物价、财政部门共同负责。这为普通高中阶段收取学费、组成教育经费的重要来源提供了可靠依据。

2001 年《国务院关于基础教育改革和发展的决定》提出了“实行在国务院领导下，由地方政府负责、分级管理、以县为主的体制”。原来“县办高中，乡办初中，村办小学”的格局转为了基础教育经费几乎全部由县来承担，虽然国家明确提出了加大中央及省级财政对义务教育的转移支付力度，同时适当提高义务管理的层级，但由于新机制实施还存在很多问题，许多地区为完成普九任务，将高中教育经费挤占用于义务教育，高中教育经费严重短缺。为此，许多地方开始多渠道筹集资金，包括大量的择校费。

2001 年，北京市人民政府推出了《北京市人民政府贯彻〈国务院关于基础教育改革和发展的决定〉的意见》，文件中提出：完善以政府投入为主，多种渠道筹措教育经费的基础教育投入体制。根据中小学实际公用经费支出情况和发展基础教育的新要求，调整本市普通教育事业公用经费定额标准。制定九年义务教育投入保障办法，依法保证各级政府对义务教育的投入。市级财政要通过以市级教育费附加转移支付、安排专项经费等方式，加大对基础教育的支持，特别要向经济实力较弱地区适度倾斜。区（县）政府要确保财政用于中小学教育事业费的增长比例高于财政经常性收入的增长比例，市级财政用于教育的转移支付资金要专款专用，按公用经费定额标准分年度实施计划及时足额拨付给学校，保障中小学教育教学正常运转。中小学杂费收入全部用于补充公用经费的不足，不得用于教师工资、津贴、福利、基建等开支。从 2001 年起，农村中小学教师工资的发放由区（县）政府统一管理。 各级政府要把农村中小学建设列入基础设施建设的统一规划，统筹安排相应的校舍建设资金。乡镇、村对新建、扩建校舍所需土地，应按照有关规定及时进行划拨。 加强农村教育费附加的征管力度。农村教育费附加由乡（镇）政府组织征收和管理。没有落实具体征管部门或单位的，由区（县）政府加以明确。严禁通过学校向学生和家长征收农村教育费附加。积极鼓励企业、社会团体和公民个人对基础教育捐赠，捐赠者享受国家有关优惠政策。对纳税人通过非营利的社会团体和国家机关向农村义务教育的捐赠，在应纳税所得额中全额扣除。对捐助基础教育有突出贡献的单位和个人予以表彰。逐步完善非义务教育的成本分担机制。要合理确定收费标准并完善调节机制。进一步健全贫困生奖、贷、助学金制度，提高普通高中宏志奖学金的奖助比例，保障弱势学生群体受教育的权利。积极利用银行贷款等融资手段筹集资金，加快基础教育发展。同时，进一步加强财务管理，对专项经费的立项、审批、执行进行严格管理，建立教育专项经费的文本合同制度，努力提高教育经费使用效益。

2004 年，教育部发布的《2003—2007 年教育振兴行动计划》中提到，在非义务教育阶段，要合理确定政府和受教育者分担办学成本的比例，收费标准要与居民家庭承受能力相适应。要完善企业及公民个人向教育捐赠的税收优惠政策，探索企业合理分担职业教育经费的办法。扶持发展各种形式的公益性教育基金和信托基金，扩大彩票收益用于支持教育的份额。鼓励和支持学校开展勤工俭学、发展校办产业。积极鼓励和引导社会、企业和公民个人捐资助学、出资和投资办学。这一部分的条例适用于高中阶段的教育。

表 5-2 反映了北京市高中阶段教育经费收入主要来源的情况，从表中可以得出如下结论。从 1998 年到 2010 年，北京市高中阶段经费收入主要来源中，公共财政预算内教育经费以及事业收入两者基本在不断上涨，而各级政府的教育类附加费经历了从 1998 年开始到 2005 年上升到最大值以后，自 2006 年开始教育税费用于高中阶段的数额在不断下降，到了 2010 年政府税费基本下降到 2002 年左右的水平。校办产业与社会服务部分的收入则经历了不断萎缩的过程，到了 2010 年基本上在总体中已经可以忽略不计。而社会捐赠的部分由于其本身具有的随机性和不稳定性，因此多年以来其数额一直在波动。总体来说，多年以来高中阶段教育经费总量不断上升的主要原因是公共财政预算内教育经费的大幅上涨。

1998—2010 年北京市高中阶段教育经费收入来源情况一览表

表 5-2　　单位：千元

年份	总计	公共财政预算内经费	各级政府税费	校办产业	社会捐赠	事业收入	其他收入
1998	725919	395903	54268	25951	53302	103234	93261
1999	887210	471717	102345	22488	69816	129028	91816
2000	1339147	705726	194931	32051	111857	187798	106784
2001	1637212	869604	237743	28616	71765	253404	176080
2002	1915156	985168	248526	23242	145623	314554	198043
2003	2286090	1217301	212208	20401	107457	477101	251622
2004	2948064	1365912	387053	15453	74057	584802	520787
2005	3790723	1793434	402311	19074	78124	729807	767973
2006	3856776	1887077	340706	20915	89861	623678	894539
2007	4480781	3061241	276870	1554	60276	791955	288885
2008	4970641	3506696	271452	5455	89794	991954	105290
2009	5657022	4135089	185496	6520	82524	1121757	125636
2010	6470036	5262861	270850	594	56238	752342	127151

表 5-3 表明了北京市高中阶段教育经费总量中各项来源的占比情况。各项占比中，只有公共财政预算内经费在稳步提高，尤其是 2007 年以来，公共财政预算经费占总量的比例迅速上升，从 2006 年的 50% 左右的占比一直上涨到 2010 年的 81% 的占比，涨幅十分可观。受公共财政预算内经费大幅上涨的影响，事业收入虽然在数额上不断上涨，但是在占高中教育经费总额的比例上并没有非常明显的上涨，始终保持在 10% 到 20% 之间。而各级政府的税费所占的比例不断下降，到了 2007 年以后只占总额的 5% 左右。其中校办产业以及社会捐赠的占比在总体占比上压缩得最为严重。在 2000 年以前两者相加能够占到高中阶段教育经费总量的 10% 左右，但是到了 2010 年两者相加连 1% 都没有到。

表 5-3 1998—2010 年北京市高中阶段教育经费收入各项来源占比情况一览表

单位：%

年份	总计	公共财政预算内经费	各级政府税费	校办产业	社会捐赠	事业收入	其他收入
1998	100	54.54	7.48	3.57	7.34	14.22	12.85
1999	100	53.17	11.54	2.53	7.87	14.54	10.35
2000	100	52.70	14.56	2.39	8.35	14.02	7.97
2001	100	53.11	14.52	1.75	4.38	15.48	10.75
2002	100	51.44	12.98	1.21	7.60	16.42	10.34
2003	100	53.25	9.28	0.89	4.70	20.87	11.01
2004	100	46.33	13.13	0.52	2.51	19.84	17.67
2005	100	47.31	10.61	0.50	2.06	19.25	20.26
2006	100	48.93	8.83	0.54	2.33	16.17	23.19
2007	100	68.32	6.18	0.03	1.35	17.67	6.45
2008	100	70.55	5.46	0.11	1.81	19.96	2.12
2009	100	73.10	3.28	0.12	1.46	19.83	2.22
2010	100	81.34	4.19	0.01	0.87	11.63	1.97

由表 5-4 可知，城乡普通高中教育经费收入都基本呈逐年增长的趋势。其中，城镇普通高中教育经费收入由 2007 年的 424300 万元增加到 2010 年的 603305 万元，增加了 0.4 倍，农村普通高中教育经费收入由 2007 年的 28926 万元增加到 2010 年的 45762 万元，增加了 0.6 倍，农村教育经费收入的增幅大于城镇教育经费收入的增幅。

2007—2010 年北京市城乡普通高中教育经费收入情况一览表

表 5-4　　单位：万元

年份	2007	2008	2009	2010
普通高中	453226	476661	536218	649067
其中：城镇	424300	417921	483326	603305
农村	28926	58740	52893	45762

资料来源：历年《北京统计年鉴》，由于在年鉴中 2007 年之前未统计普通高中城乡教育经费收入，因此从 2007 年开始梳理

在教育经费收入来源结构中，高中教育阶段的主要收入来源是公共财政预算内教育经费。由表 5-5 中数据可知，城乡普通高中预算内教育经费都得到了大幅度的增加。其中，城镇预算内教育经费由 2007 年的 296733 万元增加到 2010 年的 508362 万元，增加了 0.7 倍左右，农村预算内教育经费由 2007 年的 23857 万元增加到 2010 年的 39442 万元，增加了 0.7 倍左右，城镇预算内教育经费增幅基本与农村预算内教育经费增幅相当。

2007—2010 年北京市城乡普通高中预算内教育经费情况一览表

表 5-5　　单位：万元

年份	2007	2008	2009	2010
普通高中	320589	362443	431116	547804
其中：城镇	296733	313572	384693	508362
农村	23857	48872	46422	39442

资料来源：历年《北京教育年鉴》，由于在年鉴中 2007 年之前未统计普通高中城乡教育经费收入，因此从 2007 年开始梳理

第三节　普通高中教育经费使用

1995 年《关于大力办好普通高级中学的若干意见》提出对家庭经济困难的学生应适当减免学费或提供助学金。同时，该文件对于教师待遇，提出要按照《中华人民共和国教师法》的要求，切实提高普通高中教师的待遇，除保证教师工资不低于或高于国家公务员的平均工资标准和足额按时发放外，各地区和学校还可以根据实际情况制定提高教师工资、奖金、津贴等标准和办法。要采取特殊措施，较大幅度地改善优秀骨干教师的待遇。同时文件中还提出教育经费的使用要首先保障危房改造、教师工资和必需教学设备的添置。这一文件对高中阶段基建费用也做出了一定的要求。

1999 年，教育部发布《教育部关于积极推进高中阶段教育事业发展的若干

意见》，在该文件中对高中发展做出了规划和展望，同时也对发展高中教育提出了一些要求。在提到高中教育经费时，该文件指出：高中阶段教育属于非义务教育。要在充分考虑当地群众承受能力的基础上，经物价部门批准，区别不同地区和不同类型学校，适当调整学费标准，提高高中阶段学费在培养成本中的比例。要进一步完善助学金制度，扩大对困难家庭子女的助学金、特困学生补助的规模。要积极鼓励单位和个人捐资助学。强调各地要加强对高中收费的管理和监督，要保证收费用于发展教育事业。任何单位不得违反国家规定向学校乱收费、乱摊派。

2001 年的《国务院关于基础教育改革与发展的决定》中提出，要确保农村中小学教师工资发放是地方各级人民政府的责任。省级人民政府要统筹制定农村义务教育发展和中小学布局调整的规划，严格实行教师资格制度，逐县核定教师编制和工资总额，对财力不足、发放教师工资确有困难的县，要通过调整财政体制和增加转移支付的办法解决农村中小学教师工资发放问题。这一文件对教育经费中教师工资保障体系做出了说明和解释，对高中阶段教育经费使用结构有所影响。

2009 年，市教委、市财政局和市民政局制定《北京市普通高中宏志奖学金管理办法》，该办法指出支持、鼓励家庭贫困的普通高中在校生勤奋学习，全面发展，成为品学兼优的合格人才，设立宏志奖学金，获得北京市普通高中宏志奖学金的学生，每生每年奖励 800 元，奖励名额依据在校学生总量，每年奖励约 1.5%。每学年奖励普通高中在校生 3500 名。

表 5–6 是北京市 1995 年到 2010 年预算内教育经费支出的具体状况，包括支出总额，教育事业费和基建费用的数额和占比。从表 5–6 中可以看出，从总额上来看，预算内教育支出从 1995 年到 2010 年有较大比例的上升，15 年间约增长了 7 倍左右，从 1995 年的约 7 亿元上升到 2010 年的近 48 亿元。在具体的支出占比中，教育事业费始终是高中阶段预算内教育支出的主要部分。15 年来始终保持在 80% 以上。早些年的时候，尤其是在 2002 年以前，基建费用基本上只占总的预算内支出的 10% 以内，相当于很小的比例。21 世纪以来，由于北京市高中阶段教育经费上升幅度比较快，因此有了更多的教育经费可以用于基础建设，因此基建费用的比例在稳步上升。2010 年，高中阶段预算内教育支出中，用于基础建设的经费首次达到了 20%。

表 5-6　1995—2010 年北京市高中阶段预算内教育支出发展情况一览表

单位：千元、%

年份	预算内支出总额	教育事业费	教育事业费占比	基建支出	基建支出占比
1995	698823	687345	98.36	11478	1.64
1996	247041	246591	99.82	450	0.18
1997	373161	337049	90.32	36112	9.68
1998	422221	412790	97.77	9431	2.23
1999	444664	405486	91.19	39178	8.81
2000	645347	609139	94.39	36207	5.61
2001	778525	711724	91.42	66801	8.58
2002	907064	802851	88.51	104213	11.49
2003	1080976	976032	90.29	104944	9.71
2004	1484665	1369414	92.24	115251	7.76
2005	2013243	1769295	87.88	243948	12.12
2006	2194414	1842364	83.96	352050	16.04
2007	2583512	2282733	88.36	300779	11.64
2008	3015773	2861114	94.87	154659	5.13
2009	3557527	3080566	86.59	476961	13.41
2010	4774322	3794022	79.47	980300	20.53

北京市高中阶段预算内教育支出中教育事业费主要包括两个部分，人员经费和公用经费。两部分的数额都在这 15 年间有大幅的上升。其中人员经费始终占教育事业费的大多数，但人员经费从 1995 年以来出现比例不断下降的情况。从 1995 年占事业费总数的 74% 一直下降到 2010 年的 57%。这说明随着教育经费的总额不断增加，分配到的教育事业费的数额也不断增加，因此有了更多的经费能够被使用到教育公用部分中（见表 5-7）。

表 5-7　1995—2010 年北京市高中阶段预算内教育支出中教育事业费的发展情况一览表

单位：千元、%

年份	教育事业费	个人部分	个人部分占比	公用部分	公用部分占比
1995	687345	510220	74.23	177125	25.77
1996	246591	170348	69.08	76243	30.92
1997	337049	218342	64.78	118707	35.22
1998	412790	278876	67.56	133914	32.44
1999	405486	266579	65.74	138907	34.26
2000	609139	400170	65.69	208969	34.31
2001	711724	468680	65.85	243044	34.15
2002	802851	511817	63.75	291034	36.25

续表 5-7

年份	教育事业费	个人部分	个人部分占比	公用部分	公用部分占比
2003	976032	619621	63.48	356411	36.52
2004	1369414	955753	69.79	413661	30.21
2005	1769295	1132018	63.98	637277	36.02
2006	1842364	1177856	63.93	664508	36.07
2007	2282733	1355369	59.37	927364	40.63
2008	2861114	1584867	55.39	1276247	44.61
2009	3080566	1759616	57.12	1320950	42.88
2010	3794022	2159504	56.92	1634518	43.08

由表 5-8 可知，北京市城乡普通高中教育经费支出都在不断增加。城镇普通高中教育经费支出由 2007 年的 412294 万元增加到 2010 年的 603251 万元，增加了 0.5 倍左右，农村普通高中教育经费支出由 2007 年的 28118 万元增加到 2010 年的 42738 万元，增加了 0.5 倍左右，农村教育经费支出的增幅与城镇教育经费支出的增幅基本相当，可知在 2007—2010 年期间，北京市同时加大对城镇和农村普通高中教育经费的支出。

表 5-9　2007—2010 年北京市城乡普通高中教育经费支出情况一览表

单位：万元

年份	合计		事业性经费支出		基本建设支出	
	城镇	农村	城镇	农村	城镇	农村
2007	412294	28118	383146	27071	29148	1048
2008	408376	64539	401908	55281	6468	9258
2009	466136	51748	426190	43997	39946	7751
2010	603251	42738	506782	41177	96469	1561

资料来源：历年《北京统计年鉴》，由于在年鉴中 2007 年之前未统计普通高中城乡教育经费支出，因此从 2007 年开始梳理

其中，在事业性教育经费支出上，北京市城镇普通高中事业性经费支出由 2007 年的 383146 万元增加到 2010 年的 506782 万元，增加了 0.3 倍，农村普通高中事业性经费支出由 2007 年的 27071 万元增加到 2010 年的 41177 万元，增加了 0.5 倍左右，农村普通高中事业性经费支出的增长幅度大于城镇普通高中事业性经费支出的增长幅度。

在基本建设支出上，2007—2010 年，北京市城镇普通高中基本建设支出分别为 29148 万元、6468 万元、39946 万元和 96469 万元，虽然在 2008 年和 2009 年支出减少，但在 2010 年有了较大的增加；农村普通高中基本建设支出分别为 1048 万元、9258 万元、7751 万元和 1561 万元，呈现先增加后减少的趋势，可知北京市政府在城镇普通高中基本建设上支出增幅较大，不断改善普通高中的基础设施。

从北京市普通高中城乡教育经费支出占比来看（见表 5–9），北京市城镇和农村事业性教育经费支出占比仍是支出中占比最大的部分，基建支出占比很小。城镇事业性经费支出占比有所下降，并在 2010 年占比减少到 84.01%，基本建设支出占比在 2010 年增加到 15.99%；农村事业性经费支出占比基本呈现先下降后上升的趋势，基本建设支出先增加后减少，可以看出北京市在 2010 年加强对城镇普通高中办学条件的改善，在 2008 年和 2009 年加强了对农村普通高中办学条件的改善。

2007—2010 年北京市城乡普通高中教育经费支出占比情况一览表

表 5–9　　单位：%

年份	合计		事业性经费支出占比		基本建设支出占比	
	城镇	农村	城镇	农村	城镇	农村
2007	100	100	92.93	96.27	7.07	3.73
2008	100	100	98.42	85.66	1.58	14.34
2009	100	100	91.43	85.02	8.57	14.98
2010	100	100	84.01	96.35	15.99	3.65

资料来源：历年《北京统计年鉴》，由于在年鉴中 2007 年之前未统计普通高中城乡教育经费支出，因此从 2007 年开始梳理

第四节　普通高中办学效益

从普通高中办学效益情况来看，1996—2007 年，北京市年末固定资产总额呈逐年增长的趋势。且在 2005 年投入较多经费用于购置课桌凳，在 2006 年投入较多经费用于购置图书资料。此外在用于购置专用设备的金额上，从 1998 年的 36226 千元增加到 2006 年的 188118 千元，增长幅度较大，以满足北京市普通高中发展的需要（见表 5–10）。

表 5-10

1995—2006 年北京市普通高中办学效益情况一览表

年份	年末固定资产总额（千元）			本年购置图书资料		本年购置课桌凳（单人套）		本年购置专用设备金额（千元）
	金额	其中：房屋和建筑物	专用设备	千册	金额（千元）	数量（千套）	金额（千元）	
1995	413242	—	—	270	1342	20	1936	—
1996	418334	—	—	285	1784	16	1670	—
1997	579989	—	—	308	2435	20	2098	—
1998	1019379	623874	196381	227	2720	18	2084	36226
1999	1255973	761054	202331	325	4302	26	2684	39994
2000	1960772	1072429	326006	616	7864	40	4759	74387
2001	1982989	1162567	479744	710	6496	45	6045	88483
2002	2613318	1674826	611223	597	8056	48	8499	124420
2003	3684139	2427232	785464	620	11008	47	5761	139925
2004	4950979	3463718	1014789	308	5882	38	4280	138725
2005	5514393	3610335	1244354	849	19216	41	5574	185036
2006	5918492	3860542	1425295	639	16523	26	28541	188118

资料来源：历年《中国教育经费统计年鉴》，因为年鉴中未公布 2006 年之后的各项数据，因此本文只梳理到 2006 年。—部分为缺失数据

第六章　北京市中等职业教育投入

我国正处在从人力资本大国向人力资本强国的转变过程中，而职业教育对我国人力资源的积累和发展有着重要的影响作用。职业教育又分为中等职业教育和高等职业教育。中等职业教育是指属于高中阶段，以培养中等职业技术人才为目标，是为生产、服务业第一线培养具有相关的理论知识与实践能力的高素质劳动者和技能型人才的教育。

中等职业教育可使接受教育本人受益，获得一定的能力，掌握专门的技术，对个人的就业和发展有积极影响，从这个意义上说是私人产品，但中等职业教育在给个人带来收益的同时也有很大的社会效益。接受过此阶段教育的人外溢到社会可以间接使其他人受益，提高社会的生产力，人民的整体素质得到提升，使社会不断进步。从这个意义上来说中等职业教育又具有公共产品的属性，可以判定为准公共产品。中等职业教育由于兼有公共产品和私人产品的性质，因此决定了中等职业教育财政采取以政府为主导，同时采取政府和市场相结合的配置制度。

在中国近几十年的发展过程中，中等职业教育一直处于一个比较尴尬的地位。从官方的角度来说，由于世界银行等组织在早期对发展中国家投资职业教育不报太高的期望，导致中国在政策制定以及财政拨款时对职业教育的支持力度不够，这一状况近几年才开始得到改善，但是职业教育由于长期缺乏投入，师资力量薄弱，硬件欠缺的现状已经形成。在社会层面，由于职业教育并不受社会的广泛认可，因此职业教育在招生时往往不受优待，地位次于普通高中，因此导致职业教育一方面生源质量不佳，导致职业教育培养的学生声誉不佳，另一方面在总体生源数量下降时，许多中等职业学校甚至很难招到学生，无法维持运行，导致学校关闭，进一步打击了中等职业教育的发展。

自 20 世纪 90 年代以来，经过 20 多年的改革与发展，北京市职业教育规模不断扩大，结构不断优化，办学条件和质量水平持续提高，为首都社会经济发展做出了巨大贡献。但是总体而言，职业教育依然是首都教育的薄弱环节，体系不健全，活力不足，教育供给及人才培养模式同公众多元化的教育需求、同首都经济社会发展的需要不太适应。而职业教育的发展需要政府和社会多方面的共同努力，而政府作为主导，对中等职业教育贡献度的直观体现就是教育财政方面的努力。北京市中等职业教育财政发展过程又可以分为三个阶段，首先是 1991 年到 1995 年，这一时期，北京市中等职业教育的体系处于初步成型阶段，逐渐形成了多渠道筹措教育经费的局面；其次是 1996 年到 2005 年，随着《中华人民共和国职业教育法》(以下简称《职业教育法》) 的颁布以及北京市实施《职业教育法》的方案出台，北京市中等职业教育投入进入了一条更加规范化发展的道路；最后，随着 2005 年国务院发布《国务院关于大力发展职业教育的决定》，北京市进一步加强职业教育财政投入的力度。

由于中等职业教育与其他阶段或形式的教育相比具有一定的复杂性，体现在办学种类比较多样，因此以下在对北京市中等职业教育财政现状进行介绍时，首先介绍北京市中等职业教育办学的主要类型，然后再介绍中等职业教育投入的发展情况。

第一节　中等职业教育发展概况

由于社会需求的发展，从 1991 年到 2010 年，北京市中等职业教育发展出许多类型，主要包括职业高中、中等专业学校、中等技术学校，中等技工学校，早些年还有中等师范学校等。表 6-1 显示了不同阶段北京市不同类型的中等职业学校在《中国教育经费统计年鉴》中的体现。

表 6-1　1995—2010 年北京市中等职业教育开设情况一览表

年份	中等专业学校	中等技术学校	中等技工学校	中等师范学校	职业高中
1995	√	√		√	
1996	√	√		√	
1997	√	√		√	
1998	√	√		√	
1999	√	√		√	
2000	√	√		√	
2001	√	√		√	
2002	√	√	√	√	
2003	√	√	√	√	
2004	√	√	√	√	

续表 6-1

年份	中等专业学校	中等技术学校	中等技工学校	中等师范学校	职业高中
2005	√	√	√	√	
2006	√	√	√	√	
2007	√		√		√
2008	√		√		√
2009	√		√		√
2010	√		√		√

说明：表 6-1 中打“√”的表示在《中国教育经费统计年鉴》中有这一年该类学校的财政情况数据，未打“√”的表示没有这一类学校的财政情况数据

从表 6-1 中可以看到，从 1995 年起，北京市中等职业学校中，中等专业学校一直都有财政收入与财政支出的记录，而中等技术学校和中等师范学校从 2007 年起不再有财政记录，中等技工学校是从 2002 年起作为单独类型的中等职业学校开始有财政记录的，而自 2007 年起，职业高中开始成为中等职业教育的其中一种类型。

从表 6-2 可以看到，北京市对职业教育投入的总量不断在上升，其中中等专业学校多年来一直处于比较稳定的上升趋势中。而中等技术学校在 2006 年之前有财政记录时也不断上升。所有学校类型中，唯一不断萎缩的只有中等师范学校，这也标志着北京市对中等职业教育发展战略的转变。

表 6-2　1998—2010 年北京市各类学校在中等职业学校中的占比情况一览表

单位：千元

年份	总收入	中等专业学校	中等技术学校	中等技工学校	中等师范学校	职业高中
1998	1214274	633608	488637		92029	
1999	1276745	666317	509545		100883	
2000	1409328	745214	602133		61981	
2001	1718116	899303	785907		32906	
2002	2254388	1000432	941113	292762	20081	
2003	2522022	1086376	1030839	387570	17237	
2004	2609045	1118208	1052463	438374	—	
2005	2830879	1212786	1134921	467367	15805	
2006	3912441	1682921	1535235	663422	30863	
2007	3691120	1481172		772248		1437700
2008	3778775	1211930		909566		1657279
2009	3902516	1270000		918370		1714146
2010	4060008	1247027		1043316		1769665

第二节　中等职业教育投入规模

1996 年，第八届全国人民代表大会常务委员会第十九次会议通过《职业教育法》，对职业教育进行了重申：职业教育是国家教育事业的重要组成部分，是促进经济、社会发展和劳动就业的重要途径。国家发展职业教育，推进职业教育改革，提高职业教育质量，建立、健全适应社会主义市场经济和社会进步需要的职业教育制度，这为加大职业教育投入提供了契机。对于职业教育投入，国家鼓励通过多种渠道依法筹集发展职业教育的资金。省、自治区、直辖市人民政府应当制定本地区职业学校学生人数平均经费标准；国务院有关部门应当会同国务院财政部门制定本部门职业学校学生人数平均经费标准。职业学校举办者应当按照学生人数平均经费标准足额拨付职业教育经费。各级人民政府、国务院有关部门用于举办职业学校和职业培训机构的财政性经费应当逐步增长。任何组织和个人不得挪用、克扣职业教育的经费。

1997 年，北京市第十届人民代表大会常务委员会第三十九次会议通过《北京市实施〈中华人民共和国职业教育法〉办法》，其中提到，（北京）市和区、县人民政府、有关部门用于职业教育的财政性经费应当逐步增长，并划拨专款用于发挥骨干、示范作用的职业学校和职业培训机构以及生产实习基地的建设。任何组织和个人不得挪用、克扣职业教育的经费；对于依法征收的教育费附加，应当安排一定比例用于发展职业教育。市人民政府按照教育法的有关规定决定开征的用于教育的地方附加费，可以专项或者安排一定比例用于职业教育。

2002 年，国务院发布《国务院关于大力推进职业教育改革与发展的决定》，对我国职业教育发展现状做出了总结，指出我国职业教育发展还面临许多问题，其中就包括投入不足、基础薄弱等问题。对于地方职业教育投入，文件中提出，各级人民政府要加大对职业教育的经费投入。省级人民政府要制定本地区职业学校生均经费标准，并依法督促各类职业学校举办者足额拨付职业教育经费。县级以上地方各级人民政府和国务院有关部门用于举办职业学校和职业培训机构的财政性经费应当逐步增长。

2005 年，国务院发布《国务院关于大力发展职业教育的决定》，又一次对职业教育的重要性进行了重申。文件中指出：大力发展职业教育，加快人力资源开发，是落实科教兴国战略和人才强国战略、推进我国走新型工业化道路、解决“三农”问题、促进就业再就业的重大举措；是全面提高国民素质、把我国巨大人口压力转化为人力资源优势、提升我国综合国力、构建和谐社会的重要途径；是贯彻党的教育方针、遵循教育规律、实现教育事业全面协调可持续发展的必然要求。

2006 年，北京市发布的《北京市“十一五”期间教育发展与规划》中提出，打破地区、部门隶属关系和所有制等方面局限，统筹、协调、促进高职学院、普通中专、技工学校、职业高中和成人中专等职业学校的资源整合。结合区域产业调整，每个区（县）集中举办 1 ～ 2 所职业学校，每个行业集中举办 1 所职业学校，将职业学校数量调整到 100 所左右。“十一五”规划期间，市政府投资 20 亿元，用于加强职业教育学校校舍基本建设。

在《2010—2020 年国家中长期教育改革与发展规划》中指出政府切实履行发展职业教育的职责，健全多渠道投入机制，加大职业教育投入。

在不同时期政策的实行下，北京市中等职业教育投入大事件如下。

2004 年，在中等职业学校的建设上，北京市采用了政府贴息补助的方法帮助区县、行业和职业学校采用银行贷款的方式改善办学条件，截至年底，学校贷款总额达 8 亿元。①

2006 年，北京市实施《北京市中等职业教育学校助学金制度实施办法》，截至 12 月底，市财政共拨付 1081 万元，资助在公办全日制中等职业学校就读的家庭经济困难学生，2006—2007 年度全市甲等助学金全部发放到位。②

2007 年，北京市对中等职业教育开展了助学金制度建设相关工作。在 2007—2008 学年度，共拨付国家助学金 2 亿元，受助学生 15 万人，拨付政府奖学金 1500 万元，受助学生 7720 人。③

2009 年市政府对在中等职业学校学习的家庭经济困难学生、涉农专业学生实行免费教育。并且启动了北京市生源地信用助学贷款试点，帮助京籍家庭经济困难学生就学。④

2010 年市财政局、市教委、市发改委、市民政局、市人力社保局、市残联联合印发《关于免除中等职业学校城乡低收入家庭和涉农专业学生学费的通知》。

---

① 吴晓川 :《职业教育综述》，选自《北京教育年鉴 2005》，开明出版社，2005 年 11 月，第 303 页。

② 吴晓川:《职业与成人教育综述》，选自《北京教育年鉴 2007》，开明出版社，2008 年 12 月，第 151 页。

③ 邵和平:《职业与成人教育综述》，选自《北京教育年鉴 2008》，开明出版社，2008 年 12 月，第 361 页。

④ 邵和平、黄侃 :《职业与成人教育综述》，选自《北京教育年鉴 2010》，开明出版社，2010 年 11 月，第 393 页。

通知规定，自 2009 年秋季开学起，免除公办中等职业学校中城乡居民最低生活保障、农村困难家庭和涉农专业学生学费，且将现行中等职业学校一等国家助学金标准调整为每生每年 2500 元。

从中等职业教育投入总量来看，从 1998 年到 2010 年，北京市中等职业教育的投入总体在上升，从 1998 年的 12 亿左右上升到 2010 年的 40 亿元左右，但总体来说北京市职业教育投入总量的增长幅度并不是非常大。从增长的数额来看，2006 年增长的数量比较大，达到了 10 亿元左右，而其他年份的增长数额都比较平稳，甚至在 2007 年还有比较大幅度的负增长。从增幅来看，2002 年与 2006 年是增长幅度最大的两年，增幅均超过了 30%，其他年份增幅都比较稳定，尤其是在 2007 年以后，增幅都比较小（见表 6–3）。

表 6–3 1998—2010 年北京市中等职业教育经费总量发展情况一览表

单位：千元、%

年份	总量	增量	增幅
1998	1214274		
1999	1276745	62471	5.14
2000	1409328	132583	10.38
2001	1718116	308788	21.91
2002	2254388	536272	31.21
2003	2522022	267634	11.87
2004	2609045	87023	3.45
2005	2889665	280620	10.76
2006	3912441	1022776	35.39
2007	3691120	–221321	–5.66
2008	3778775	87655	2.37
2009	3902516	123741	3.27
2010	4060008	157492	4.04

从 1998 年到 2010 年，北京市职业教育财政性教育经费从 7.7 亿元发展到 34.9 亿元，总体上升幅度比较大（见表 6–4）。同时，中等职业教育财政性教育经费占北京市该年度财政性教育经费的总额的比例从 2006 年起不断下跌，说明北京市在这段时间内对中等职业教育的投入力度开始下降。出现这种情况的原因有许多，一方面，虽然对职业教育的重视程度不断提高，但是中等职业教育学校类型在不断减少，同时由于受教育人口的减少，中等职业教育的受教育人数在不断下降；另一方面，有可能是由于北京市中等职业教育的规模有限，在投入一定比例的经费以后足够保证中等职业教育的发展。

1998—2010 年北京市中等职业教育预算内经费发展情况一览表

表 6-4　　单位：千元、%

年份	总量	增长率	占财政性教育经费总量的比例
1998	770090		13.16
1999	871686	13.19	12.52
2000	958405	9.95	10.62
2001	1089406	13.67	9.92
2002	1448049	32.92	11.79
2003	1739146	20.10	12.19
2004	1813529	4.28	10.36
2005	2285050	26.00	10.78
2006	3040681	33.07	11.96
2007	2958397	−2.71	9.31
2008	3148892	6.44	8.22
2009	3332763	5.84	7.69
2010	3486637	4.62	6.79

第三节　中等职业教育经费来源

1991 年，国家教育委员会、国家物价局、财政部、劳动部颁布《中等职业技术学校收取学费的暂行规定》。该规定中明确指出“中等职业技术教育属非义务教育，自本学年起，对中等专业学校（不含中师）技工学校和职业高中新入学的学生适当收取学费”，属于非义务教育的中等职业教育经费的来源必须多元化。从此中等职业学校开始了收费教育的历程。逐步实行收取学费和奖、贷学金相结合的制度。

1993 年，中共中央、国务院颁布的《中国教育改革和发展纲要》明确了建立多渠道筹资的体制。确立了“逐步建立以国家财政拨款为主，辅之以征收用于教育的税费、收取非义务教育阶段学生学杂费、校办产业收入、社会捐资集资和设立教育基金等多渠道筹措教育经费的体制”的目标。基本形成教育经费的“财”“税”“费”“产”“社”“基”六大主渠道。

《职业教育法》中提出，企业应当承担对本单位的职工和准备录用的人员进行职业教育的费用，具体办法由国务院有关部门会同国务院财政部门或者由省、自治区、直辖市人民政府依法规定。企业未按本法的规定实施职业教育的，县级以上地方人民政府应当责令其改正；拒不改正的，可以收取企业应当承担的职业教育经费，用于本地区的职业教育。省、自治区、直辖市人民政府按照教育法的有关规定决定开征的用于教育的地方附加费，可以专项或者安排一定比例用于职业教育。各级人民政府可以将农村科学技术开发、技术推广的经费，适当用于农村职业培训。职业学校、职业培训机构可以对接受中等、高等职业学校教育和职业培训的学生适当收取学费，对经济困难的学生和残疾学生应当酌情减免。收费办法由省、自治区、直辖市人民政府规定。国家支持企业、事业组织、社会团体、其他社会组织及公民个人按照国家有关规定设立职业教育奖学金、贷学金，奖励学习成绩优秀的学生或者资助经济困难的学生。职业学校、职业培训机构举办企业和从事社会服务的收入应当主要用于发展职业教育。

1997 年，在《北京市实施〈中华人民共和国职业教育法〉办法》中提到：北京市依法征收的教育费附加，应当安排一定比例用于发展职业教育。市人民政府按照教育法的有关规定决定开征的用于教育的地方附加费，可以专项或者安排一定比例用于职业教育。企业按照不低于职工工资总额的 1.5% 提取职工教育经费，应当主要用于职工的职业培训。进行经济结构调整的企业，应当从盘活资金中提取一定比例用于职工转岗、转业培训；兼并企业以及转让国有企业产权的企业，应当安排专项资金，用于职工的转岗、转业培训。劳动行政部门应当从失业保险基金中提取一定比例的经费，用于补助失业人员和企业下岗待工人员的转岗、转业培训。北京市积极践行《职业教育法》，对本市职业教育的发展起到了积极的促进作用。

2002 年，《国务院关于大力推进职业教育改革与发展的决定》提到各类企业要按《职业教育法》的规定实施职业教育和职工培训，承担相应的费用。一般企业按照职工工资总额的 1.5% 足额提取教育培训经费，从业人员技术素质要求高、培训任务重、经济效益较好的企业可按 2.5% 提取，列入成本开支。要保证经费专项用于职工特别是一线职工的教育和培训，严禁挪作他用。企业技术改造和项目引进，都应按规定比例安排资金用于职工技术培训。对不按规定实施职工职业教育和培训，经责令改正而拒不改正的企业，县级以上地方各级人民政府可以收取其应当承担的职业教育经费，用于本地区的职业教育。对于职业教育的补助措施，文件中提到，要利用金融、税收以及社会捐助等手段支持职业教育的发展。县级以上各级人民政府应支持企事业单位、社会团体、其他社会组织及公民个人按照国家有关规定设立职业教育奖学金，奖励学习成绩优秀的学生，资助经济困难的学生。金融机构要为家庭经济困难学生接受职业教育提供助学贷款，优先为符合贷款条件的农村职业学校毕业生开展生产经营提供小额贷款。认真执行国家对教育的税收优惠政策，支持职业学校办好实习基地，发展校办产业和开展社会服务。鼓励社会各界及公民个人对职业教育提供资助和捐赠，企业和个人通过政府部门或社会中介机构对职业教育的资助和捐赠，可在应纳税所得额中全额扣除。

2004 年，教育部发布的《2003—2007 年教育振兴行动计划》中提到，在非义务教育阶段，要合理确定政府和受教育者分担办学成本的比例，收费标准要与居民家庭承受能力相适应。要完善企业及公民个人向教育捐赠的税收优惠政策，探索企业合理分担职业教育经费的办法。扶持发展各种形式的公益性教育基金和信托基金，扩大彩票收益用于支持教育的份额。鼓励和支持学校开展勤工俭学、发展校办产业。积极鼓励和引导社会、企业和公民个人捐资助学、出资和投资办学。为职业教育经费渠道拓展又提供了一定的思路。

2005 年，《国务院关于大力发展职业教育的决定》提出为了进一步促进职业教育的发展，决定对职业教育经费投入以及职业教育学生资助体系进行了规划：各级人民政府要加大对职业教育的支持力度，逐步增加公共财政对职业教育的投入。各级财政安排的职业教育专项经费，重点支持技能型紧缺人才专业建设，职业教育师资培养培训，农业和地矿等艰苦行业、中西部农村地区和少数民族地区的职业教育和成人教育发展。省级政府应当制定本地区职业院校学生平均经费标准。要进一步落实城市教育费附加用于职业教育的政策。从 2006 年起，城市教育费附加安排用于职业教育的比例，一般地区不低于 20%，已经普及九年义务教育的地区不低于 30%。农村科学技术开发、技术推广的经费可适当用于农村职业培训。职业院校和培训机构开展的下岗失业人员再就业培训可按规定享受再就业培训补贴。国家和地方安排的扶贫和移民安置资金要加大对贫困地区农村劳动力培训的投入力度。国家鼓励企事业单位、社会团体和公民个人捐资助学，对通过政府部门或非营利组织向职业教育的资助和捐赠，按规定享受税收优惠政策。要合理确定职业院校的学费标准，确保学费收入全额用于学校发展。

2008 年，党中央在十七届三中全会提出，要重点加快发展农村中等职业教育并逐步实行免费；2009 年又提出首先从涉农专业和农村家庭困难学生做起逐步实现免费政策；2010 年 3 月，《2010—2020 国家中长期教育改革和发展规划纲要》里明确提出“逐步实行中等职业教育免费制度”；2010 年 9 月，国家提出从当年秋季学期起，将中等职业学校城市家庭经济困难生纳入免学费的政策范围。并且提出制定优惠政策，鼓励企业接收学生实习实训和教师实践，鼓励企业加大对职业教育的投入。

从表 6-5 各项收入来源的情况来看，预算内教育经费一直是总收入的主要组成部分，同时预算内教育经费多年来也呈稳步增长的趋势。各级政府的税费自 2003 年以来的增幅也比较大，同时占主要组成部分的还有事业费收入，但是事业费收入多年以来呈现波动的状况，并没有显著上升的趋势。而社会捐赠与校办产业自 1998 年以来则是一直在小幅度地变化，对整体收入的贡献度并没有那么高。

1998—2010 年北京市中等职业教育经费各项来源情况一览表

表 6–5　　单位：千元

年份	总量	公共财政预算内经费	各级政府税费	校办产业	社会捐赠	事业收入	其他收入
1998	1214274	766510	3580	7306	13090	255597	168191
1999	1276745	869542	2144	4210	1408	325416	74025
2000	1409328	957021	1384	7283	5312	374231	64097
2001	1718116	1088504	902	11973	4158	512408	100171
2002	2254388	1443869	4180	21024	12620	647331	125364
2003	2522022	1718754	20392	11129	3690	626851	141206
2004	2609045	1803008	10521	7253	0	689217	99046
2005	2889665	2263169	21881	102086	4101	498428	0
2006	3912441	2888707	151974	3735	100	643588	224337
2007	3691120	2571744	386653	6678	1139	552573	172333
2008	3778775	2682811	466081	11879	563	509220	108221
2009	3902516	2830983	501780	14034	10357	446937	98425
2010	4060008	3117769	368868	7364	26405	457472	82130

从表 6–6 数据可以看出，中等职业教育阶段，教育收入的主要来源还是财政预算内教育经费拨款，且从 1998 年的 60% 左右稳步上升至 2010 年的 70% 以上，说明政府在中等职业教育的总投入中所占的份额还是比较高的。在其他来源中，各级政府的税费在 2006 年以前始终都占比比较低，皆低于 1%，而到了 2006 年以后逐渐升高，稳定在总数的 10% 左右。校办产业与社会服务以及捐赠收入一直以来都处于一个比较低的占比水平。事业费收入占中等职业教育总收入的比例相对比较高，但是近些年来出现不断下降的趋势，由早些年的 20% 以上逐渐到近些年的 10% 左右。

1998—2010 年北京市中等职业教育经费各项来源占比情况一览表

表 6–6　　单位：%

年份	总量	公共财政预算内经费	各级政府税费	校办产业	社会捐赠	事业收入	其他收入
1998	100.00	63.12	0.29	0.60	1.08	21.05	13.85
1999	100.00	68.11	0.17	0.33	0.11	25.49	5.80
2000	100.00	67.91	0.10	0.52	0.38	26.55	4.55
2001	100.00	63.35	0.05	0.70	0.24	29.82	5.83
2002	100.00	64.05	0.19	0.93	0.56	28.71	5.56

表 6–6

年份	总量	公共财政预算内经费	各级政府税费	校办产业	社会捐赠	事业收入	其他收入
2003	100.00	68.15	0.81	0.44	0.15	24.86	5.60
2004	100.00	69.11	0.40	0.28	0.00	26.42	3.80
2005	100.00	78.32	0.76	3.53	0.14	17.25	0.00
2006	100.00	73.83	3.88	0.10	0.00	16.45	5.73
2007	100.00	69.67	10.48	0.18	0.03	14.97	4.67
2008	100.00	71.00	12.33	0.31	0.01	13.48	2.86
2009	100.00	72.54	12.86	0.36	0.27	11.45	2.52
2010	100.00	76.79	9.09	0.18	0.65	11.27	2.02

第四节　中等职业教育经费使用

2002 年，《国务院关于大力推进职业教育改革与发展的决定》中提出，县级以上地方各级人民政府和国务院有关部门用于举办职业学校和职业培训机构的财政性经费应当逐步增长，确保公办职业学校教师工资按时足额发放，并监督民办职业教育机构按时足额发放教师工资。城市教育费附加安排用于职业教育的比例不低于 15%，已经普及九年义务教育的地区不低于 20%，主要用于职业学校实验实习设备的更新和办学条件的改善。各级人民政府在安排使用农村科技开发经费、技术推广经费和扶贫资金时，要安排一部分农村劳动力培训经费；安排农业基础设施建设投资时，要安排一部分农村职业学校和成人学校的建设经费。

2005 年，《国务院关于大力发展职业教育的决定》提出要加强对职业教育经费的使用管理，提高资金的使用效益。建立职业教育贫困家庭学生助学制度。中央和地方财政要安排经费，资助接受中等职业教育的农村贫困家庭和城镇低收入家庭子女。中等职业学校要从学校收入中安排一定比例用于奖、助学金和学费减免，并把组织学生参加勤工俭学和半工半读作为助学的重要途径。金融机构要为贫困家庭学生接受职业教育提供助学贷款，各地区要把接受职业教育的贫困家庭学生纳入国家助学贷款资助范围。要通过助学金、奖学金、贷学金等多种形式，对贫困家庭学生和选学农业及地矿等艰苦行业职业教育的学生实行学费减免和生活费补贴。

2006 年，《财政部、教育部关于完善中等职业教育贫困家庭学生资助体系的若干意见》，对中等职业教育学生补助体系做出了重要的指导意见，文件中提到：要充分发挥中央和地方政府、中等职业学校、金融机构、社会团体、企事业单位以及公民个人在资助体系中的作用，通过各方面共同努力，构建覆盖面广、形式多样、功能完善、机制健全的中等职业学校学生资助体系，帮助每个贫困家庭学生顺利完成学业，促进教育公平。坚持政府主导、多渠道筹措资助资金。实施中等职业学校贫困家庭学生助学制度，资金来源的主渠道是各级政府。各级财政要加大对中等职业学校贫困生的资助力度，坚持地方财政投入为主、中央财政适当补助的原则，同时要动员行业企业和社会各界提供资助。金融机构也要为接受中等职业教育的贫困家庭学生提供助学贷款。要建立贫困家庭学生助学金制度，安排专项资金，对中等职业学校贫困家庭学生就学提供补助。从2006年起，中央财政安排专项资金，建立中等职业教育国家助学金，用于资助中等职业学校贫困家庭学生。各地财政要安排相应的专项资金设立助学金。同时，要逐步建立奖学金制度；建立以学生参加生产实习为核心的助学制度；建立学费减免制度；建立助学贷款或延期支付学费制度；建立社会资助制度等。

2006年，市教委等部门出台《北京市中等职业学校助学金制度实施办法》，将助学金共分甲、乙两个等级及临时性困难补助：对持有“北京市城市（农村）居民最低生活保障金领取证”的城乡低保家庭学生和享受社会优抚待遇的革命烈士子女、孤儿享受甲等助学金，即免交学费（最高每学年免2200元），每人每年可获得生活、学习补助1000元；除享受甲等助学金的家庭经济困难学生外，对其他家庭经济确实困难的学生，各学校可根据其家庭实际困难程度设立乙等助学金，给予困难学生不同程度的补助；因突发事件导致家庭经济困难的学生享受临时性困难补助，发生困难的当年可获得一次性困难补助3000元。对于甲等助学金所需费用按财政隶属关系由财政予以解决，且学校每年从学费收入中提取不低于5%的经费用于乙等助学金和临时困难补助。

2007年，市教委、市财政局和市劳动保障局制定了《北京市中等职业教育政府奖学金制度暂行办法》，该办法指出对品学兼优的中等职业学校学生予以奖励，资金来源为市财政资金，奖学金标准为每生每年2000元，以学校为基本单位评定。享受奖学金的人数可占全校实行本办法学生总数的5%。此外，市教委等部门制定了《北京市中等职业学校国家助学金管理实施办法的通知》，该通知指出北京市中等职业学校国家助学金由市政府出资设立，其分为三等：一等国家助学金每人每年4000元，用于资助享受城乡居民最低生活保障待遇和生活困难补助的重残人家庭，享受社会优抚待遇的革命烈士子女和孤儿的学生；二等国家助学金每人每年1800元，用于资助农村户籍及就读农林业专业的学生；三等国家助学金每人每年500元，用于资助未享受一、二等国家助学金的其他学生。

此外，在2007年《国家教育事业发展“十一五”规划纲要》中指出完善中等职业教育资助政策体系，建立中等职业教育国家助学金制度，资助所有农村学生和城市家庭经济困难学生接受职业教育，国家资助两年，第三年实行学生工学结合、顶岗实习。鼓励地方政府、企业和社会团体设立多种形式的中等职业学校学生奖学金、助学金。完善以国家助学金为主，多种形式的奖学金、学生工学结合、顶岗实习、学校减免学费等为辅的资助政策体系。

2008 年，市教委等部门下发《关于免除中等职业学校城乡低保农村困难家庭和涉农专业学生学费的通知》，指出对符合条件的学生的一等助学金标准调整为每生每年 2500 元，且自 2010 年秋季起，所涉及补助的资金分别纳入市、区县两级财政预算，按原来补助比例安排经费。

从北京市中等职业教育阶段教育经费支出情况来看（见表 6–7），从 1995 年到 2010 年，北京市中等职业阶段教育财政支出从 7 亿元左右发展到将近 25.4 亿元，发展并不是很迅速，这与预算内教育经费收入的增速减缓有关。从教育事业费以及基建支出的占比来看，1997 年与 1998 年这两年基建支出的比例比较大，说明当时北京市职业教育发展还处于基础建设的阶段，之后的教育事业费的使用基本上都是占到了 95% 以上，并且从 2005 年到 2010 年间，始终保持在非常稳定的状态，这说明北京市中等职业教育支出基本上已经进入稳定发展的阶段。

表 6–7　1995—2010 年北京市中等职业教育预算内教育经费使用结构一览表

单位：千元、%

年份	总量	教育事业费	教育事业费占比	基建支出	基建支出占比
1995	693829	638946	92.09	54883	7.91
1996	836841	798772	95.45	38069	4.55
1997	959617	812703	84.69	155037	16.16
1998	901679	778437	86.33	123242	13.67
1999	817365	791129	96.79	26236	3.21
2000	852305	841205	98.70	11100	1.30
2001	1021199	1008713	98.78	12486	1.22
2002	1190982	1164422	97.77	26560	2.23
2003	1302981	1240971	95.24	62010	4.76
2004	1781144	1760244	98.83	20900	1.17
2005	1485410	1425670	95.98	59740	4.02
2006	2368710	2293450	96.82	75260	3.18
2007	1829521	1762236	96.32	67285	3.68
2008	2275783	2224128	97.73	51655	2.27
2009	2396223	2304120	96.16	92103	3.84
2010	2536305	2405516	94.84	130789	5.16

在教育事业费的使用当中，从1995年至2004年，个人部分的占比始终比较大，超过了50%，在2001年以前人员经费基本占到教育事业费的60%。2004年以后，人员经费与公用部分的比例基本上持平，两者都占教育事业费总数的50%左右（见表6-8）。

表6-8　1995—2010年北京市中等职业教育预算内教育事业费使用情况一览表

单位：千元、%

年份	教育事业费	个人部分	个人部分占比	公用部分	公用部分占比
1995	638946	388203	60.76	250743	39.24
1996	798772	457273	57.25	341499	42.75
1997	812703	471136	57.97	341567	42.03
1998	778437	470272	60.41	308165	39.59
1999	791129	479346	60.59	311783	39.41
2000	841205	522711	62.14	318494	37.86
2001	1008713	628054	62.26	380659	37.74
2002	1164422	679855	58.39	484567	41.61
2003	1240971	722689	58.24	518282	41.76
2004	1760244	907842	51.57	852402	48.43
2005	1425670	644792	45.23	780878	54.77
2006	2293450	933707	40.71	1359743	59.29
2007	1762236	983138	55.79	779098	44.21
2008	2224128	1092941	49.14	1131187	50.86
2009	2304120	1124341	48.80	1179779	51.20
2010	2405516	1158167	48.15	1247349	51.85

职业高中作为中等职业教育的其中一种类型，其发展水平反映了中等职业教育的状况，政府对其进行的教育经费支出对促进职业教育的发展至关重要。由表6-9可知，北京市城镇职业高中教育经费总支出基本呈现不断增长的趋势，农村教育经费总支出呈现下降的趋势。城镇教育经费支出由2007年的113337万元增加到2010年的152039万元，增加了0.3倍左右，农村教育经费支出从2007年的23481万元下降到2010年的16443万元，可知在2007—2010年，北京市只增加了对城镇职业高中教育经费的支出。

表6-9　2007—2010年北京市职业高中城乡教育经费支出情况一览表

单位：万元

年份	合计		事业性经费支出		基本建设支出	
	城镇	农村	城镇	农村	城镇	农村
2007	113337	23481	107537	22581	5800	900

续表 6-9

年份	合计		事业性经费支出		基本建设支出	
	城镇	农村	城镇	农村	城镇	农村
2008	129990	25419	129990	23319	0	2100
2009	153908	20772	152510	19260	1398	1512
2010	152039	16443	150641	11085	1398	5358

资料来源：历年《北京统计年鉴》，由于在年鉴中 2007 年之前未统计职业高中城乡教育经费支出，因此从 2007 年开始梳理

其中，在事业性教育经费支出上，北京市城镇职业高中事业性经费支出由 2007 年的 107537 万元增加到 2010 年的 150641 万元，增加了 0.4 倍，农村职业高中事业性经费支出由 2007 年的 22581 万元减少到 2010 年的 11085 万元，城镇事业性经费支出远大于农村事业性经费支出。

在基本建设支出上，2007—2010 年，北京市城镇职业高中基本建设支出分别为 5800 万元、0 万元、1398 万元和 1398 万元，基本建设支出大幅下降；农村职业高中基本建设支出分别为 900 万元、2100 万元、1512 万元和 5358 万元，基本呈现增长的趋势，并且在 2010 年支出大幅增加，可知北京市在农村职业高中基本建设上支出大于对城镇职业高中基本建设上的支出。

从北京市职业高中城乡教育经费支出占比来看，北京市城镇和农村事业性教育经费支出占比仍是支出中占比最大的部分，基建支出占比很小。城镇事业性经费支出占比基本保持在 99% 左右，且在 2008 年达到了 100%，基本建设支出占比有所下降，在 2010 年占比下降到 0.92%；农村事业性经费支出占比基本呈现下降的趋势，基本建设支出不断增加，从 2007 年的 3.83% 增加到 2010 年的 32.58%，可以得知北京市在 2010 年加大改善农村职业高中办学条件的力度（见表 6-10）。

表 6-10 2007—2010 年北京市职业高中城乡教育经费支出占比情况一览表

单位：%

年份	合计		事业性经费支出占比		基本建设支出占比	
	城镇	农村	城镇	农村	城镇	农村
2007	100	100	94.88	96.17	5.12	3.83
2008	100	100	100.00	91.74	0.00	8.26
2009	100	100	99.09	92.72	0.91	7.28
2010	100	100	99.08	67.42	0.92	32.58

资料来源：历年《北京统计年鉴》，由于在年鉴中 2007 年之前未统计职业高中城乡教育经费支出，因此从 2007 年开始梳理

从生均预算内教育经费来看，北京市中等职业教育生均预算内教育经费呈不断增长的趋势，从1995年的2534.30元增加到2004年的4938.16元，增长了1倍左右。个人部分支出和公用部分支出都呈不断增长的趋势，基本建设支出部分呈不断下降的趋势。在支出比例上，个人部分占比仍最大，其次为公用部分占比，基本建设支出占比最小。其中，个人部分占比从1995年的33.01%增加到2004年的76.06%，增长幅度较大，公用部分占比有所下降，从1995年的57.03%下降到22.62%，基本建设支出占比在1995年占比最大，为9.95%，从1996年开始出现下降，但从2002年开始又有所增长（见表6–11）。

表6–11　1995—2004年北京市中等职业教育生均预算内教育经费情况一览表

单位：元、%

年份	总计	个人部分	个人部分占比	公用部分	公用部分占比	基本建设支出	基本建设支出占比
1995	2534.30	836.66	33.01	1445.42	57.03	252.22	9.95
1996	2616.54	966.53	36.94	1618.61	61.86	31.40	1.20
1997	2891.51	1151.39	39.82	1725.62	59.68	14.49	0.50
1998	2587.55	1575.30	60.88	998.69	38.60	15.34	0.59
1999	2835.54	1648.14	58.12	1166.64	41.14	20.75	0.73
2000	3036.04	2004.72	66.03	1016.65	33.49	14.67	0.48
2001	3353.73	2331.71	69.53	989.83	29.51	32.19	0.96
2002	3995.78	2751.58	68.86	1116.10	27.93	128.10	3.21
2003	4149.35	2976.02	71.72	1116.37	26.90	56.96	1.37
2004	4938.16	3755.76	76.06	1116.85	22.62	65.55	1.33

资料来源：历年《中国教育经费统计年鉴》，因为2004年后年鉴上没有高中阶段生均教育经费支出，因此只梳理到2004年

第五节　中等职业教育办学效益

从中等职业教育办学效益情况来看，1995—2006年，年末固定资产总额呈逐年增长的趋势。且北京市政府在2002年投入较多经费用于购置课桌凳和图书资料。此外在用于购置专用设备的金额上，从1998年的32469千元增加到2002年的129039千元，之后减少到2006年的73910千元（见表6–12）。可知，起初北京市的中等职业教育处于基础建设时期，政府投入较多经费用于购置专用设备上，之后用于购买专用设备上的金额减少。

1995—2006 年北京市中等职业教育办学效益情况一览表

表 6–12

年份	年末固定资产总额（千元）			本年购置课桌凳（单人套）		本年购置图书资料		本年购置专用设备金额（千元）
	金额	其中：房屋和建筑物	专用设备	数量（千套）	金额（千元）	数量（千册）	金额（千元）	
1995	264956			11	1085	223	839	
1996	278709			8	858	140	835	
1997	453350			9	1116	222	2083	
1998	767734	558132	115670	14	1434	165	1818	32469
1999	860427	581578	141058	11	1361	211	2808	36801
2000	4619750	553315	152265	6	909	182	2478	26442
2001	1148640	545794	186048	7	783	160	1692	20495
2002	3546641	2187164	754792	68	10209	992	11945	129039
2003	1212035	764455	271135	11	1551	138	1689	37658
2004	1330486	840766	317976	13	1426	95	1105	47409
2005	1334403	793353	378256	7	788	135	1588	52059
2006	1547449	916622	474033	12	1758	98	1494	73910

资料来源：历年《中国教育经费统计年鉴》，因为在年鉴中未公布 2006 年之后的各项数据，因此本文只梳理到 2006 年

第七章　北京市高等教育投入

高等教育是教育的高级阶段。高等教育对接受该阶段教育的个人以及高等教育所在的社会环境都有明显的正向作用。对于接受高等教育的个人来说，高等教育能够较大限度地提升个人的人力资本，为个人在劳动力市场中取得优势。对于高等教育所处的社会来说，一方面，高等教育能够为经济增长做出贡献，高等教育推动了社会层面的人力资本的增长，同时高等教育的研究功能也为社会提供公共知识，进一步提高了生产效率，促进经济的发展；另一方面，高等教育也提供了社会服务，提高了社会公民的整体素质，从而为社会带来更多的便利，提高了社会的幸福感。

高等教育的正外部性非常显著，因此我国高度重视高等教育的发展。改革开放以来，随着我国经济的发展，对高等教育的需求也越来越迫切，20 世纪八九十年代我国采取了多种方式来促进高等教育的发展。1999 年，我国进行了大学扩招，从此我国向着高等教育大众化迈进，并在 20 世纪初实现了高等教育的大众化。

高等教育要发展离不开政府财政的支持。自 20 世纪 80 年代初中央与地方“分灶吃饭”的财政体制确立之后，高等教育投入相应地转为由中央和地方两级安排，即中央财政只负担中央各部委所属高等院校的经费，地方所属高校的经费完全由地方财政负担。在这样的高等教育财政体制下，地方政府和中央政府分别对地方属的院校和中央属的院校负责。因此高等教育财政责任在中央与地方之间的合理安排对高等教育的可持续发展和各地高等教育的协调发展具有重要的战略意义。

北京市作为我国的首都，其高等教育在我国有着引领的作用。北京的高等教育无论是办学规模、办学质量都处于全国前列。由于高等教育分级管理的原则，北京市财政主要对北京市属高校负责，以下从北京市高等教育投入规模发展状况、经费来源状况以及经费使用状况三个方面来介绍北京市高等教育的发展状况。

第一节　高等教育投入规模

1992 年 12 月，国家教委根据党的十四大精神，起草了《关于加快改革和积极发展普通高等教育的意见》，国务院于 1993 年 1 月转发了此意见。该文件指出，改革高等教育投资体制，逐步建立财政拨款为主、多渠道筹措经费的投资体制。中央和地方的有关部门都要按照“两个增长”的原则，增加对高等教育的拨款，满足高教事业发展的基本需要。

1994 年，北京市人民政府发布《北京市社会力量办学管理办法》，对北京市民办高等教育的发展起到了重要的促进作用。该方法提出，社会力量办学是我国社会主义教育事业的重要组成部分，必须全面贯彻国家的教育方针，保证教学质量，提高办学效益。各级人民政府应当将社会力量办学纳入教育事业发展规划。学校在引进资金、教学设备和兴办校内经济实体及纳税等方面，享受同级同类学校的同等待遇。同时，在教育经费方面，学校和培训机构经费以自筹为主，可以向学员收取合理的学杂费，所收学杂费应当主要用于办学活动。学校和培训机构的全部收入以及固定资产，在学校和培训机构存续期间，归学校和培训机构所有。

1998 年发布的《中华人民共和国高等教育法》（以下简称《高等教育法》）中，以法律形式对高等教育经费做出了规定，其中提到：国家建立以财政拨款为主、其他多种渠道筹措高等教育经费为辅的体制，使高等教育事业的发展同经济、社会发展的水平相适应。国务院和省、自治区、直辖市人民政府依照教育法第五十五条的规定，保证国家兴办的高等教育的经费逐步增长。

1999 年，教育部高教司印发《关于进一步做好高等学校教学工作的通知》，指出要增加教学经费投入，合理配置现有的教学资源，保证必要的教学条件。各高等学校要统筹规划本校的教育经费，优先保证人才培养计划，尤其是教学工作和教学基本建设的需要。要重点加强一、二年级教学仪器设备及图书资料的建设，改善基础课、专业基础课的实习实验条件。同时要挖掘学校办学潜力，优化教学资源，努力提高现有的教学设备、设施的利用率，保证教学工作的实施。要防止因教学条件不足而降低教学要求和减少教学计划内实习实验内容的情况发生。

2001 年，教育部出台《关于加强高等学校本科教学工作提高教学质量的若干意见》，指出要进一步加大教学经费投入力度，省、自治区、直辖市教育行政部门要主动与同级政府有关部门沟通，在高等教育规模扩大的同时，增大对高等教育投入的力度，确保扩招后的高等学校生均教育事业费及时、足额到位。高等学校要在预算内增加教学经费，保证生均经费逐年有所增长，各项教学经费要达到并力争高于教育部制订的本科教学合格评估标准。学校学费收入中用于日常教学的经费一般不应低于 20%，用以保障教学业务、教学仪器设备修理、教学差旅、体育维持等基本教学经费。学校要根据本校实际设立教学专项经费，加强对教学基础设施建设经费的投入，不断改善扩招后的办学条件。

2002 年，北京市教委制定了《关于加强北京高等学校教学工作提高教学质量的实施意见》，指出要进一步加大对高等教育的投入。市教委将在逐年扩大对高等教育投入 的同时，改革对市属、市管高等学校的拨款方式，确保扩招后的市属、市管高等 学校教育经费及时、足额到位。 同时加大对各种专项教学经费的投入力度，继续推 进高等学校专项建设政府贴息贷款制度，不断改善高等学校的办学条件。

在不同时期政策的实行下，北京市高等教育投入大事件如下。

1990 年，在高校基建上，北京市市属高校完成投资 5978 万元，建成了各类用房 90489 平方米，其中住宅面积为 23686 平方米。市属高校截至 1990 年累计完成加固总建筑面积 144516 平方米，累计完成投资 365 万元。其中 1990 年完成加固面积 16750 平方米，完成投资 52 万元。①

1991 年，为加强高校马克思主义理论课的建设，市政府拨款 50 万元作为高校马克思主义理论课的教学和科研基金。为提高马列课的教学质量，市高教局从重点学科建设经费中拨出 30 万元，把马列课作为重点课程进行建设。并且投资 285.7 万元完成了第二个军训基地（大兴）的建设工作。此外，在 1991 年，市高教局把解决高校教职工住房困难作为一项重要工作，全年共完成基建投资 5500 万元，在施面积 134149 平方米，有效解决了高校教职工住房的问题。②

1992 年，在高校基建上，北京市投资计划 7366 万元，实际完成计划 7031 万元。为解决高校中青年教师住房困难问题，北京市政府投资 4056 万元，以优惠价格向高校出售 500 套商品房，在本年落实了 350 套。此外，建成、购置各类用房 66208 平方米，其中包括住宅 45787 平方米。③

1994 年，市政府在高等教育方面投入达到 2.2 亿元，比 1993 年增长了 26%。在毕业生就业制度改革上，继续实行了一定范围内的“双向选择”，设立毕业生

① 武振东：《财务与基本建设》，选自《北京高等教育年鉴 1991》，北京工业大学出版社，1992 年 12 月，第 275 页。

② 北京市教育委员会编：《北京高等教育年鉴 1992》，高等教育出版社，1994 年 1 月，第 33 页。

③ 北京市教育委员会编：《北京高等教育年鉴 1993》，高等教育出版社，1994 年 11 月，第 202 页。

分配就业奖励基金，全年共颁发了 150 万元，奖励人数达 1802 人，占毕业生总数的 5%。①

1996 年，市政府安排高校科研经费 500 万元，比 1995 年增加 4 倍。为中央部委属高校学生、教职工和干部补贴公费医疗费 5000 多万元。投资 1000 万元落实了北京普通高校"110 工程"项目 7 个。为进一步解决高校教师住房困难的问题，对将要开工的"望京小区"等住宅小区新增投资达到 3 亿元以上。此外，市教委批准北京普通高等学校第一批教育教学改革试点项目 88 个，并在公布教改项目的同时，将改革试点补助经费 192 万元全部核拨到位。在实施市属高校布局结构调整上，自 1993 年 8 月北京市开始实施"三点一线"基本建设工作。到 1996 年年底，共竣工项目 22 个，完成投资 3.5 亿元。②

1997 年，市委、市政府重点对市属高校布局结构进行调整，先后投入资金 7.2 亿元，安排建设任务 44 项，新建校舍 31.5 万平方米，完成征地 650 亩，办学实体由原来的 26 个调整为 12 个，校均规模由 1100 人提高到 3420 人，生师比由原来的 6∶1 提高到 8.9∶1，减少了重复专业 10% 和专业点 20 多个，使得高校布局结构趋于合理。并且，在实行"联合、共建、调整、合并"的方针下，北京市政府与国家教委签署协议共建北京大学、清华大学、中国人民大学、北京师范大学和北京航空航天大学，在"九五"期间市政府支持上述 5 所高校经费达到 1.05 亿元。此外，北京市教委批准北京市普通高等学校第二批教育教学改革试点立项项目共 102 项，拨付试点立项补助经费 198 万元。针对北京市属高校图书馆自动化工作现状，北京市教委投入专款 300 万元支持市属高校图书馆自动化建设。③

1998 年，北京市继续积极推动高校图书馆的自动化建设，对北京体育师范学院图书馆和北京联合大学图书馆给予重点支持，使得北京市高校图书馆自动化建设的发展情况处于全国领先水平。④

1999 年，北京市重点开展了高校图书馆资源共享与自动化建设工作，共投

---

① 李同铮：《北京高等教育事业改革与发展概况》，选自《北京高等教育年鉴 1995》，高等教育出版社，1996 年 10 月，第 37 ~ 41 页。

② 关仲和：《高等教育综述》，选自《北京教育年鉴 1997》，航空工业出版社，1997 年 10 月，第 97 ~ 98 页。

③ 刘春生等：《普通高等教育综述》，选自《北京教育年鉴 1998》，航空工业出版社，1998 年 9 月，第 151 ~ 152 页。

④ 王海平等：《普通高等教育综述》，选自《北京教育年鉴 1999》，航空工业出版社，1999 年 11 月，第 153 页。

入建设资金约 295 万元，其中 70 万元用于支持部分高校图书馆的管理软件升级，继续推动了图书馆自动化的工作。[①]

2000 年，为改善高校教学办学条件，市政府采用市财政贴息和向商业银行贷款的方式，加大了对高校的教育投入，解决了高校扩招后出现的教学基础条件紧张的状况。[②]

2001 年，北京市属（市管）高校中启动“学位与研究生教育改革”项目，市政府投入 800 万元支持有关学位点的建设。[③]

2003 年，北京市投入经费 5800 万元，用于积极支持服务首都经济社会发展应用性科研立项的工作，制订出市属市管高校市级重点实验室建设规划。并且，市属市管高校大学生公寓建设资金补助意见得到市政府批准，落实补助资金 6.6 亿元，全年竣工学生公寓 60 万平方米。此外，投入 3 亿元用于整治北大、清华等校园周边环境，改善了这些高校的校园周边环境。[④]

2004 年，市政府为大学生公寓建设的 2 亿元补助款已全部落实到位，60 万平方米的大学生公寓竣工并交付使用，其中市属市管院校 19.8 万平方米，中央院校 40 万平方米，解决了 7 万人的住宿问题。[⑤]

2005 年，启动了北京高等教育教学改革立项工作，市政府投入资金 511.5 万元，资助“元培计划——21 世纪综合性大学本科人才培养模式理论与实践研究”等 249 个项目，其中教委专项资助 130 项，其余由学校自筹经费。[⑥] 此外，市政府投入经费 3500 万元用于北京市高等学校市级品牌专业建设项目，并且选出 87

① 徐宝力：《普通高等教育综述》，选自《北京教育年鉴 2000》，朝花少年儿童出版社，2000 年 11 月，第 131 ~ 132 页。

② 李同铮：《普通高等教育综述》，选自《北京教育年鉴 2001》，朝花少年儿童出版社，2001 年 12 月，第 111 页。

③ 李同铮：《普通高等教育综述》，选自《北京教育年鉴 2002》，开明出版社，2002 年 11 月，第 89 页。

④ 王东江：《2003 年北京教育简况》，选自《北京教育年鉴 2004》，开明出版社，2004 年 12 月，第 43 ~ 44 页。

⑤ 王东江：《2004 年北京教育简况》，选自《北京教育年鉴 2005》，开明出版社，2005 年 11 月，第 47 ~ 49 页。

⑥ 王东江：《2005 年北京教育简况》，选自《北京教育年鉴 2006》，开明出版社，2006 年 12 月，第 21 ~ 22 页。

个本科专业作为第一批北京市高等学校市级品牌专业建设项目。[①]

2006 年，北京市进一步推进普通高校教育教学改革，增加对课程教材建设的投入，使得高校教育质量和办学条件都得到了提高。投入资金 500 万元，资助项目 249 项，建设北京市精品课程 106 门，推荐国家精品课程 61 门，三年来共建设 92 门国家级精品课程和 328 门市级精品课程。此外，启动北京市高等学校市级品牌专业建设项目，遴选出 87 个本科专业作为第一批北京市高等学校市级品牌专业建设项目，共支持经费 3500 万元。[②]

2007 年，北京市投入教学专项经费用于重点支持高校教学实验室、实训基地、图书文献资源、教育教学改革和专业建设等项目，审定教学相关项目 547 个，涉及经费 7.58 亿元。此外，召开了 2007—2010 中央与地方共建高校特色优势学科实验室项目评审，共评出建设项目 264 项，中央财政支持 16497.97 万元，且在 2007 年共下达中央与地方共建高校专项资金 6400 万元。[③]

2008 年，北京市政府在新学年下拨高校、中等职业学校的各类奖助学金 3.7 亿元，比上学年增加 4000 万元。并且为了应对物价上涨，对高校食堂进行了补贴，给予了全市高校学生食堂以及市属高校学生临时补贴 1.02 亿元。此外，北京市加大投入支持学科建设和研究生培养，在共建项目安排科学研究与研究生教育项目上投入经费 20862 万元，其中用于支持科学研究与科研基地建设项目 8912 万元，支持科技成果转化与产业化项目 2360 万元，支持学科建设与研究生培养项目 9590 万元。[④]

2010 年，在高校资助上，市财政局和市教委共同下发《关于提高北京市属普通高等学校国家助学金标准的通知》，该通知提出提高市属高校国家助学金标准，自本年秋季学期开始，市属普通本科高校、高等职业学校国家助学金资助标准从每生每年 2200 元提高到每生每年 3200 元，其中，一等北京市国家助学金标准为每生每年 4500 元，二等为每生每年 2300 元，调整后国家助学金申

---

① 徐宝力 :《普通高等教育综述》，选自《北京教育年鉴 2006》，开明出版社，2006 年 12 月，第 21 ~ 22 页。

② 王东江 :《2005 年北京教育简况》，选自《北京教育年鉴 2006》，开明出版社，2006 年 12 月，第 21 ~ 22 页。

③ 黄侃 :《普通高等教育综述》，选自《北京教育年鉴 2008》，开明出版社，2008 年 12 月，第 229 页。

④ 黄侃 :《普通高等教育综述》，选自《北京教育年鉴 2009》，华艺出版社，2009 年，第 251 页。

请条件不变。

从北京市高等教育投入总量来看，北京市的高等教育总体投入量比较大，且从1998年以来总额发展速度比较快，增长数额高。1998年，北京市地方高等学校投入达11亿元，且每一年的增长数额都比较高，在2003年突破50亿元，2007年突破110亿元，2010年突破150亿元。从1998年到2010年，北京市高等教育经费投入总量几乎增长了15倍。在所有教育阶段里，高等教育在这十几年之间的相对增长额以及绝对增长额都是位居前列的。从增幅来看，1999年，由于大学扩招，因此教育经费大幅增长，增长幅度达到了近50%，2000年涨幅更是达到了74.7%。之后的几年内高等教育经费总额涨幅都超过了20%。只有2005年一年出现了负增长的现象，随后又继续增长，只是增长幅度有所减缓（见表7–1）。

表7–1　1998—2010年北京市高等教育经费总量发展状况一览表

单位：千元、%

年份	总量	增量	增幅
1998	1120324		
1999	1670481	550157	49.11
2000	2918783	1248302	74.73
2001	3620640	701857	24.05
2002	4477102	856462	23.65
2003	5409046	931944	20.82
2004	7014988	1605942	29.69
2005	6891196	–123792	–1.76
2006	8431628	1540432	22.35
2007	11386124	2954496	35.04
2008	12745190	1359066	11.94
2009	14843141	2097951	16.46
2010	15535085	691944	4.66

从1998年到2010年，北京市高等教育财政性教育经费从7亿元发展到近110亿元，几乎增长了15倍。2006年首次突破50亿元，2009年突破100亿元。同时，高等教育财政性教育经费占北京市该年度财政性教育经费的总额的比例也从12.7%提升到稳定在20%以上，说明在这段时间内北京市政府高度重视高等教育的发展（见表7–2）。

1998—2010 年北京市高等教育财政性经费总量发展状况一览表

表 7-2 单位：千元、%

年份	总量	增幅	占财政性比教育经费总数的比例
1998	743354		12.70
1999	1062899	42.99	15.26
2000	1659479	56.13	18.39
2001	2118488	27.66	19.29
2002	2681224	26.56	21.82
2003	3117739	16.28	21.86
2004	4301074	37.95	24.58
2005	4331166	0.70	20.44
2006	5309166	22.58	20.88
2007	7133359	34.36	22.46
2008	8379261	17.47	21.86
2009	10080001	20.30	23.26
2010	10995153	9.08	21.41

第二节 高等教育经费来源

1992 年，北京市高等教育局、北京市物价局、北京市财政局发布《关于市属普通高等学校收取学杂费和住宿费的规定》，提出从 1991—1992 学年度开始，对新入学的学生收取学杂费的标准为每生每学年 200 元，并指出各院校收取的学杂费，按预算内专项资金管理纳入综合财务计划，用于学校教育事业开支，不得挪用。

1993 年，在《关于加快改革和积极发展普通高等教育的意见》指出，学校要改变单纯依靠财政拨款的观念，走多渠道筹措教育经费的路子。要研究制定社会、企业、个人和校办产业等多渠道为高等学校筹措办学经费的具体制度和办法。该文件明确指出，高等教育属于非义务教育，要改革学生上大学由国家“包”下来的制度。学生上大学原则上均应缴费，缴费标准要考虑到人民群众的承受能力，由学校报主管部门或省、自治区、直辖市人民政府确定。

1993 年，《中国教育改革与发展纲要》提出，要提高非义务教育阶段学生学费标准，同时按不同情况确定义务教育阶段学校杂费收费标准。学费和杂费收取标准和办法，由省、自治区、直辖市政府和直接管理学校的中央业务部门考虑群众承受能力确定。要加强收费管理，严禁乱收费。要创造条件，鼓励和支持学生参加勤工俭学，对家庭确有困难的学生，可减免学杂费或提供贷学金。高等教育也适用这些标准。

1994 年，在《国务院关于〈中国教育改革和发展纲要〉的实施意见》中，对高等教育提出为实施“211 工程”,需要设立专项基金。对这项经费中央和地方、部门要作统筹安排。1994 年中央财政拨出 3 亿元专款，作为启动资金，以后逐年增加，省级政府和其他有关中央部门也要根据实际需要作出安排。为切实保证高等学校和中等以上职业学校生均公用经费逐年有所增长，中央各部门及省级人民政府应按国家有关规定制定本部门、本地区各类学校公用经费标准，据此执行和考核。北京市多所高校入选“211 工程”。

1994 年，我国开始实行在利改税、费改税基础上的分税制，在明确中央政府和地方政府财政收入和支出的基础上，也明确了各级政府在高等教育投资方面的责任，充分调动了各级政府投资办学的积极性，基本建立了以财政拨款为主、多渠道筹措经费为辅的多元化投入体制。

1994 年，国家教委和财政部共同出台《关于在普通高等学校设立勤工助学基金的通知》，指出在普通高等学校设立勤工助学基金， 勤工助学基金主要有四个来源：一是在教育事业费中，根据国家任务学生数，按每生每月 3 ~ 5 元标准提取的经费；二是从学杂费收入中划出 5 %的经费；三是从学校预算外收入中划出一定比例的经费；四是基金增值。

1996 年，国家教育委员会、国家计划委员会、财政部共同颁布《高等学校收费管理暂行办法》，在该办法中提出，高等教育属于非义务教育阶段，学校依据国家有关规定，向学生收取学费。学费是学校经费的必要来源之一，纳入单位财务统一核算，统筹用于办学支出。任何部门、单位和个人不得截留、挤占和挪用。学费的收支情况应按级次向教育主管部门和财政、物价部门报告，并接受社会和群众监督。学费标准根据年生均教育培养成本的一定比例确定。不同地区、不同专业、不同层次学校的学费收费标准可以有所区别。教育培养成本包括以下项目：公务费、业务费、设备购置费、修缮费、教职工人员经费等正常办学费用支出，不包括灾害损失、事故、校办产业支出等非正常办学费用支出。学费占年生均教育培养成本的比例和标准由国家教委、国家计委、财政部共同作出原则规定。在现阶段，高等学校学费占年生均教育培养成本的比例最高不得超过 25%，具体比例必须根据经济发展状况和群众承受能力分步调整到位。国家规定范围之内的学费标准审批权限在省级人民政府。由省级教育部门提出意见，物价部门会同财政部门根据当地经济发展水平、办学条件和居民经济承受能力进行审核，三部门共同报省级人民政府批准后，由教育部门执行。该文件还规定，中央部委直属高等学校和地方业务部门直属高等学校学费标准，由高等学校根据年生均教育培养成本的一定比例提出，经学校主管部门同意后，报学校所在省、自治区、直辖市教育部门，由学校所在地的省级人民政府批准后执行。

《高等教育法》指出，国家鼓励企业事业组织、社会团体及其他社会组织和个人向高等教育投入。高等学校的举办者应当保证稳定的办学经费来源，不得抽回其投入的办学资金。国务院教育行政部门会同国务院其他有关部门根据在校学生年人均教育成本，规定高等学校年经费开支标准和筹措的基本原则；省、自治区、直辖市人民政府教育行政部门会同有关部门制定本行政区域内高等学校年经费开支标准和筹措办法，作为举办者和高等学校筹措办学经费的基本依据。国家对高等学校进口图书资料、教学科研设备以及校办产业实行优惠政策。高等学校所办产业或者转让知识产权以及其他科学技术成果获得的收益，用于高等学校办学。高等学校收取的学费应当按照国家有关规定管理和使用，其他任何组织和个人不得挪用。高等学校应当依法建立、健全财务管理制度，合理使用、严格管理教育经费，提高教育投资效益。

1999 年，教育部发布《教育部关于实施〈中华人民共和国高等教育法〉若干问题的意见》，提出高等教育应该依照 1997 年财政部和原国家教委制定的《高等学校财务制度》、1995 年原国家国有资产管理局和财政部制定的《行政事业单位国有资产管理办法》的规定，高等学校应对举办者提供的财产、国家财政性资助、受捐赠财产自主管理和使用。高等学校可依照国家有关规定多渠道筹集事业资金；在国家有关部门核定学校总收支情况后，可自主安排学校预算；对于国家有关财务规章制度没有统一规定支出范围和标准的，学校可以结合本校实际情况自行规定，报主管部门和财政部门备案。

1999 年是我国高等教育大众化过程中的重要一年，我国开始实施高等教育扩招政策。许多高校的自筹资金含学杂费收入与社会筹资迅速增多，逐渐超过了国家财政拨款的部分，财政拨款也慢慢演变为政府政策导向和宏观调控手段。另外，高校确立了独立法人的实体地位，具有一定的筹资功能，许多高校纷纷到金融机构和社会上进行直接或间接的融资。这样，我国高等教育财政投入体制彻底打破了过去完全由政府包揽的局面，慢慢转变成以国家财政投入为主、其他多渠道筹措高等教育经费的多元化体系。

1999 年，北京市计划委员会、北京市教育委员会以及北京市财政局共同印发《关于加快北京市高等教育事业发展的政策措施和建议》，指出要多渠道筹集资金，促进高等教育发展：其一，市政府继续增加高等教育的投入。从 1999

年开始，市财政支出中，教育经费所占比例每年提高 1 ～ 2 个百分点，未来 3 年提高 4 个百分点以上，其中，安排部分资金专项用于促进高等教育事业发展。同时，积极争取国家专项资金的支持。其二，调整和规范地方社会事业建设费，增加征收的地方社会事业建设费，专项用于促进高等教育及相关产业的发展。其三，建立教育及相关产业投资基金，争取上市发行，进行社会融资，促进教育相关产业的发展。其四，积极鼓励、支持社会力量投资办学、捐资集资助学。捐资集资助学的企事业单位及个人，按照国家相关规定，捐资数额可以抵减其部分所得税。

2000 年，北京市政府出台《北京市社会力量办学若干规定》，对民办高校的若干问题进行了讨论。该文件提出：社会力量办学是我国社会主义教育事业的组成部分。本市各级人民政府应当加强对社会力量办学工作的领导，将社会力量办学事业纳入本地区的国民经济和社会发展规划，并切实采取措施予以扶持。在教育经费管理方面，民办高校应当按照国家规定建立健全资产和财产管理制度。在开办初期，教育机构应当根据投入资产的来源、性质明晰入账，并制定相应制度，避免资产在运行过程中流失。这是北京市吸引社会资本共建高等教育的又一重要举措。

2003 年，教育部发布的《2003—2007 教育振兴行动计划》提出，在非义务教育阶段，要合理确定政府和受教育者分担办学成本的比例，收费标准要与居民家庭承受能力相适应。要完善企业及公民个人向教育捐赠的税收优惠政策，探索企业合理分担职业教育经费的办法。扶持发展各种形式的公益性教育基金和信托基金，扩大彩票收益用于支持教育的份额。鼓励和支持学校开展勤工俭学、发展校办产业。积极鼓励和引导社会、企业和公民个人捐资助学、出资和投资办学。

在《国家中长期教育改革和发展规划纲要（2010—2020 年）》中，提出非义务教育实行以政府投入为主、受教育者合理分担、其他多种渠道筹措经费的投入机制。学前教育建立政府投入、社会举办者投入、家庭合理负担的投入机制。普通高中实行以财政投入为主，其他渠道筹措经费为辅的机制。中等职业教育实行政府、行业、企业及其他社会力量依法筹集经费的机制。高等教育实行以举办者投入为主、受教育者合理分担培养成本、学校设立基金接受社会捐赠等筹措经费的机制。

在北京市高等教育经费各项来源中，公共财政预算一直是非常重要的来源。在所有的高等教育收入来源的构成中，公共财政预算内经费以及事业费收入也是唯一的两项逐年都在增长的教育经费。各级政府税费从总体趋势来看反而有下降的趋势，从 1998 年的 1.4 亿元降到了 2010 年的 7000 万左右，甚至在 2001 年，各级政府税费还降到过 400 万左右，波动起伏比较大。高校的校办产业和社会服务收入经历了一个先上升后下降的过程，从 1998 年的 4000 万元左右上升到 2006 年的 2.5 亿元，随后又逐渐下降到 1 亿元。社会捐赠由于其本身性质的不稳定性，因此在这几年里波动起伏比较大（见表 7–3）。

1998—2010 年北京市高等教育经费各项来源情况一览表

表 7–3　　　　单位：千元

年份	总量	公共财政预算内经费	各级政府税费	校办产业	社会捐赠	事业收入	其他收入
1998	1120324	602174	141180	45240	12877	229647	89206
1999	1670481	992649	70250	37761	7413	377234	185174
2000	2918783	1637498	21981	41516	51124	801745	364919
2001	3620640	2114594	3894	62541	79041	1115210	245360
2002	4477102	2550595	130629	84642	21948	1338414	350874
2003	5409046	3061068	56671	89919	4596	1553312	643480
2004	7014988	4275100	25974	148285	2248	1832340	731041
2005	6891196	4299985	31181	146322	890	1957178	455640
2006	8431628	5279885	29281	256009	2481	2180070	683902
2007	11386124	7111588	21771	100255	25954	3453143	673413
2008	12745190	8317853	61408	85958	4001	3580950	695020
2009	14843141	10040910	39091	95215	8572	3955946	703407
2010	15535085	10919369	75784	101373	2318	3717411	718830

从北京市高等教育收入各项占比来看，始终居于主要地位的是公共财政预算收入以及教育事业费收入。除了 1998 年，这两项收入之和的占比基本上都超过了总额的 80%。这两项之中，公共财政预算经费历年来都在稳步提升，从 1998 年的占比 53% 逐步提升到 2010 年的 70% 左右，教育事业费收入多年来一直在 20% 与 30% 之间徘徊。各级政府征收的教育税费只在 1998 年占到了 12%，属于一个相当大的比例，次年的 1999 年也还能占到 4% 左右，但是除了这两年，各级政府的教育税费基本上都在高等教育收入中占很小的比例。校办产业与社会服务以及捐赠收入这两项历年以来在北京市高等教育经费收入中所占的比例都很小（见表 7–4）。

1998—2010 年北京市高等教育经费各项来源占比情况一览表

表 7-4　　单位：%

年份	总量	公共财政预算内经费	各级政府税费	校办产业	社会捐赠	事业收入	其他收入
1998	100.00	53.75	12.60	4.04	1.15	20.50	7.96
1999	100.00	59.42	4.21	2.26	0.44	22.58	11.09
2000	100.00	56.10	0.75	1.42	1.75	27.47	12.50
2001	100.00	58.40	0.11	1.73	2.18	30.80	6.78
2002	100.00	56.97	2.92	1.89	0.49	29.89	7.84
2003	100.00	56.59	1.05	1.66	0.08	28.72	11.90
2004	100.00	60.94	0.37	2.11	0.03	26.12	10.42
2005	100.00	62.40	0.45	2.12	0.01	28.40	6.61
2006	100.00	62.62	0.35	3.04	0.03	25.86	8.11
2007	100.00	62.46	0.19	0.88	0.23	30.33	5.91
2008	100.00	65.26	0.48	0.67	0.03	28.10	5.45
2009	100.00	67.65	0.26	0.64	0.06	26.65	4.74
2010	100.00	70.29	0.49	0.65	0.01	23.93	4.63

第三节　高等教育经费使用

1993 年，《关于加快改革和积极发展普通高等教育的意见》提出，国家、企事业单位、社会团体和学校均可设立奖学金，对品学兼优的学生给予奖励，对毕业后定向就业的学生予以资助；银行设立贷学金，学校积极开展勤工助学，对家庭经济有困难的学生提供帮助；对部分国家必须重点保证的、特殊的学校和专业，实行专项奖学金或提高奖学金的数额。

1994 年，国家教委和财政部共同出台《关于在普通高等学校设立勤工助学基金的通知》，指出勤工助学基金专门用于在校内勤工助学活动中支付给学生的劳动报酬；各校必须优先安排家庭经济困难的特困生参加勤工助学；对通过勤工助学方式进行资助仍难以完成学业的学生，学校可按国家任务学生 5 %的比例、平均每生每月 50 元的标准从该基金中统筹一部分经费，根据特困生困难程度划分层次，进行不定期困难资助；勤工助学基金应专项管理、集中使用，不得挤占和挪用，切实保证家庭经济困难的学生得到一定强度的经济资助，解决他们的实际困难；不得平均发放，并要指定专门机构和专人负责此项经费的管理与使用。

1996 年，《高等学校收费管理暂行办法》提出对家庭经济困难的学生应酌情减免收取学费，具体减免办法，由省级人民政府根据国家有关规定制定。同时，各高等学校及其主管部门要采取包括奖学金、贷学金、勤工助学、困难补助等多种方式，切实帮助家庭经济困难学生解决学生和生活上的困难，保证他们不因经济原因而中断学业。

1997 年，国家教育委员会和财政部共同出台《关于提高普通高等学校研究生奖学金标准的通知》，对博士研究生普通奖学金标准由原来的每生每月 190 元、210 元、230 元三档分别提高到 240 元、260 元、280 元；硕士研究生普通奖学金标准由原来的每生每月 147 元、167 元、187 元三档分别提高到 200 元、220 元、240 元;各学校对研究生发放普通奖学金时，原则上可按上述标准向下浮动 50 元，由学校集中掌握，用于提高部分特殊专业研究生的普通奖学金标准、鼓励优秀学生或对兼任助教、助研、助管工作的学生发放部分报酬等。

1998 年，教育部印发《关于深化教学改革培养适应 21 世纪需要的高质量人才的意见等文件的通知》，其中，在《进一步加强“国家基础科学人才培养基地”和“国家基础课程教学基地”建设的若干意见》中指出各校要严格管理，切实做到“基地”建设经费的专款专用，“基地”建设经费要单独建账，经费的使用要有预算、决算和审计。各有关高校要确保“基地”建设配套经费的落实。文科和工科“基地”，要按照原国家教委有关文件精神，保证建设经费 1∶1 足额配套；“理科基地”原则上也应该按 1∶1 的比例落实配套经费，对少数“基地”点相对集中并确有困难的学校，配套经费应不少于国家专项拨款的 60%。各有关部委和省市承诺的“基地”建设经费，要保证按规定投入；“理科基地”专项建设经费首先要保证有关基础课实验室建设以及仪器设备、图书资料的更新和添置，专业教学实验室要依托相关学科和科学研究实验室进行建设；两种“基地”的建设经费，都要有一定数额用于教学改革，保证承担国家教改项目的完成。

2002 年，北京市教委制定了《关于加强北京高等学校教学工作提高教学质量的实施意见》，指出加强教育经费的管理，努力提高教育经费的使用效益。学校要统筹预算内、外教育经费，增加教学经费的投入，保证生均教学经费逐年有所增长。学校应在课程建设和教学改革等方面设立专项经费，支持教师开展教学改革和教学 研究活动。学校要保证不低于 20% 的学费收入用于日常教学（包括本专科业务费、教学差旅费、体育维持费、教学仪器设备维修费、教学仪器设备购置费、图书资 料购置费等），并保证在“十五”期间学费收入用于日常教学每年增长幅度不低于 5%。学费的其他部分也应主要用于教学条件的改善。

2004 年，国务院发布《国务院办公厅关于切实解决高校贫困家庭学生困难问题的通知》，在通知中提出，要从 2004 年秋季开学起，中央财政将大幅度增加对全国普通高校中品学兼优的贫困家庭本专科学生的助学奖励经费，以帮助和激励更多的贫困家庭学生勤奋学习、努力进取。各省级人民政府也应结合本地区实际，设立面向品学兼优的贫困家庭学生的政府助学奖学金，加大经费投入，完善奖励办法。同时，各高校每年必须从本校有关收入中提取一定比例的经费，用于对贫困家庭学生进行资助。各高校必须按照教育部、财政部《关于进一步加强高校资助经济困难学生工作的通知》（教财〔1999〕7号）的有关规定，严肃执行，足额提取，专款专用。教育部、财政部将对中央部门所属高校的执行情况进行检查；各省级教育、财政部门也应加强对所属高校执行情况的监督、检查。对未按规定执行的高校，将予严肃处理。

2005年，市教委制定《关于启动北京市高等学校市级品牌专业建设项目的通知》，提出品牌专业的建设专项经费由市教委和有关高校共同筹措，市教委对每个品牌专业资助一定的建设经费，学校按1∶1给予配套经费。专项经费主要用于教学仪器设备及图书资料的更新和添置、教师培训、课程建设和教学改革研究与实践两方面。

2006年，教育部制定《关于认真做好2006年高等学校新生入学"绿色通道"等有关工作的通知》，该通知提出各高校应结合学校和学生实际，对符合规定条件的学生减免学费，从学费收入中按10%的比例及时足额提取专项经费，用于资助贫困家庭学生工作。

2007年，市教委和市财政局共同出台《北京市属普通高等学校助学金管理办法》，提出市属普通高等学校助学金由北京市政府出资设立，面向北京市属公办普通高等学校在校本、专科学生中家庭经济特别困难的学生。市属普通高等学校助学金分为二等：一等助学金标准为每人每月320元，二等助学金标准为每人每月160元，每年按10个月发放。

2007年，国务院发布《国务院关于建立健全普通本科高校高等职业学校和中等职业学校家庭经济困难学生资助政策体系的意见》，在该意见中，提出建立健全家庭经济困难学生资助政策体系的主要目标是：按照《中共中央关于构建社会主义和谐社会若干重大问题的决定》的有关要求，要加大财政投入，落实各项助学政策，扩大受助学生比例，提高资助水平，从制度上基本解决家庭经济困难学生的就学问题。同时，进一步优化教育结构，维护教育公平，促进教育持续健康发展。建立健全家庭经济困难学生资助政策体系，实行"加大财政投入、经费合理分担、政策导向明确、多元混合资助、各方责任清晰"的基本原则。加大财政投入，按照建立公共财政体制的要求，大幅度增加财政投入，建立以政府为主导的家庭经济困难学生资助政策体系。经费合理分担，国家励志奖学金和国家助学金由中央与地方按比例分担，中央对中西部地区给予倾斜。政策导向明确，在努力使家庭经济困难学生公平享有受教育机会的同时，鼓励学生刻苦学习，接受职业教育，学习国家最需要的专业，到艰苦地区基层单位就业；鼓励学校面向经济欠发达地区扩大招生规模。多元混合资助，统筹政府、社会等不同资助渠道，对家庭经济困难学生采取奖、贷、助、补、减等多种方式进行资助。

2010 年，市教委转发教育部发布的《关于切实做好普通高校全日制硕士专业学位研究生资助工作文件的通知》，指出自 2010 年秋季开学起，各高校要按照规定标准向全日制硕士专业学位国家任务研究生按月发放研究生普通奖学金，并将资助经费纳入年度财政预算。各高校要积极协调配合银行、财政、教育部门及时为符合规定条件的家庭经济困难全日制硕士专业学位研究生申请办理国家助学贷款，协助学生办理生源地信用助学贷款。此外，在 2010 年，市教委和市财政局发布《关于提高北京市属普通高等学校博士研究生普通奖学金标准的通知》，指出将博士研究生普通奖学金标准由原来的每生每月 240 元、260 元、280 元统一提高到 1000 元。各校对博士研究生发放普通奖学金时，原则上可按上述标准向下浮动 200 元，由学校掌握。

从表 7–5 可以看出，随着预算内教育经费的增长，预算内教育支出也在不断增长。并且从 1995 年到 2010 年，高等教育阶段预算内教育支出的增长幅度非常可观，增长了 20 多倍。在北京市高等教育阶段预算内支出中，教育事业费始终占主要的地位，且其数额与预算内教育经费总额一样，随着年份的增加而呈现上升的趋势。多年以来，预算内教育事业费基本上都保持在预算内支出总额的 85% 以上。预算内基建支出费用虽然总体呈上升趋势，但是波动幅度比较大。

1995—2010 年北京市高等教育预算内经费使用结构一览表

表 7–5　　单位：千元、%

年份	总量	教育事业费	教育事业费占比	基建支出	基建支出占比
1995	421097	364085	86.46	57012	13.54
1996	486381	472721	97.19	13660	2.81
1997	666006	629678	94.55	36328	5.45
1998	642782	599052	93.20	43730	6.80
1999	1005893	885878	88.07	120015	11.93
2000	1557747	1319377	84.70	238370	15.30
2001	1932335	1813495	93.85	118840	6.15
2002	2646064	2487822	94.02	158242	5.98
2003	3527415	3116490	88.35	410925	11.65

续表 7-5

年份	总量	教育事业费	教育事业费占比	基建支出	基建支出占比
2004	4149364	3646840	87.89	502524	12.11
2005	4100330	3955689	96.47	144641	3.53
2006	4972095	4751714	95.57	220381	4.43
2007	5809422	5619387	96.73	190035	3.27
2008	7123548	6636418	93.16	487130	6.84
2009	9018100	8534168	94.63	483932	5.37
2010	9665636	9060816	93.74	604820	6.26

北京市高等教育预算内教育事业费中个人部分与共用部分的占比相当。从1995年到2001年，人员经费的占比要略多于公用经费的占比，但并没有超过比较多的幅度。从2002年开始一直到2010年，公用经费的占比都明显要多于人员经费。但是无论是人员经费还是公用经费，在1995年到2010年的16年时间里，其数额都呈现不断上涨的趋势，且上涨幅度比较大（见表7-6）。

表 7-6　1995—2010 年北京市高等教育预算内教育事业费使用情况一览表

单位：千元、%

年份	教育事业费	个人部分	个人部分占比	公用部分	公用部分占比
1995	364085	186810	51.31	177275	48.69
1996	472721	217620	46.04	255101	53.96
1997	629678	288723	45.85	340955	54.15
1998	599052	307189	51.28	291863	48.72
1999	885878	459120	51.83	426758	48.17
2000	1319377	669363	50.73	650014	49.27
2001	1813495	933009	51.45	880486	48.55
2002	2487822	893232	35.90	1594590	64.10
2003	3116490	1180969	37.89	1935521	62.11
2004	3646840	1338834	36.71	2308006	63.29
2005	3955689	1521276	38.46	2434413	61.54
2006	4751714	1817212	38.24	2934502	61.76
2007	5619387	2253892	40.11	3365495	59.89
2008	6636418	2490968	37.53	4145450	62.47
2009	8534168	2903451	34.02	5630717	65.98
2010	9060816	3909182	43.14	5151634	56.86

从生均预算内教育经费来看，北京市高等教育生均预算内教育经费较多，且呈不断增长的趋势，从1995年的8930.82元增加到2010年的36920.82元，增长了4倍左右。个人部分支出和公用部分支出都基本呈现逐年增加的趋势，基本建设支

出部分在波动中有所增长。在支出比例上，公用部分占比仍最大，其次为个人部分占比，基本建设支出占比最小。其中，个人部分占比从1995年的44.31%下降到2010年的39.68%，公用部分占比在不断增加，从1995的41.76%增加到到2010年的53.89%，基本建设支出占比在1995年、1999年、2000年、2003年和2004年占比较多，可知北京市政府在这几年加大对高校基础设施的建设（见表7-7）。

1995—2010年北京市普通高等学校生均预算内教育经费情况一览表

表7-7　　单位：元、%

年份	总计	个人部分	个人部分占比	公用部分	公用部分占比	基本建设支出	基本建设支出占比
1995	8930.82	3957.22	44.31	3729.81	41.76	1243.79	13.93
1996	10324.10	4675.79	45.29	5334.90	51.67	313.41	3.04
1997	12834.57	5505.97	42.90	6621.45	51.59	707.16	5.51
1998	11828.63	5750.08	48.61	5215.00	44.09	863.55	7.30
1999	12561.34	5652.54	45.00	5314.43	42.31	1594.37	12.69
2000	13290.90	5570.62	41.91	5580.61	41.99	2139.67	16.10
2001	13609.52	6509.17	47.83	6221.25	45.71	879.10	6.46
2002	16126.71	5274.44	32.71	9871.62	61.21	980.66	6.08
2003	17698.07	5859.77	33.11	9946.66	56.20	1891.64	10.69
2004	18067.19	5593.06	30.96	10216.89	56.55	2257.24	12.49
2005	17671.95	6348.33	35.92	10688.17	60.48	635．46	3.60
2006	19077.89	6839.09	35.85	11389.27	59.70	849.53	4.45
2007	22183.99	8431.95	38.01	12999.78	58.60	752.26	3.39
2008	26181.80	8961.93	34.23	15418.47	58.89	1801.40	6.88
2009	31499.98	9944.22	31.57	19828.66	62.95	1727.11	5.48
2010	36920.82	14650.01	39.68	19896.42	53.89	2374.39	6.43

资料来源：历年《中国教育经费统计年鉴》

第四节　高等教育办学效益

从高等教育办学效益情况来看，1995—2006年，普通高等学校年末固定资产总额呈逐年增长的趋势，且北京市政府在高等教育上购置图书资料和专用设备金额较多。在用于购置图书资料和专用设备上投入上，在2005年和2006年投入较多经费用于购置图书资料，此外在用于购置专用设备的金额上，从1998年的62056.8万元增加到2006年的230290.2万元，增长幅度较大。由表7-8可知，北京市政府在不断加大对高等教育的投入，以促进高等教育的发展。

1995—2006 年北京市普通高等学校办学效益情况一览表

表 7–8

年份	年末固定资产总额（千元）			购置图书资料		购置专用设备金额（千元）
	总额	其中：房屋和建筑物	专用设备	数量（千册）	金额（千元）	
1995	7289659			1845	30620	
1996	8141156			1557	35460	
1997	10328204			1112	45143	
1998	12193388	6424907	4087011	937	46532	620568
1999	14360947	7898896	4598591	1091	62456	751829
2000	17669955	9836049	4810820	4795	70517	839625
2001	22482541	11111418	6143688	1888	82923	2131157
2002	24697892	13486942	7440460	2727	195932	1708060
2003	28394725	14238126	9581392	1826	132311	1750451
2004	33522370	17315067	11099294	3504	147291	1703842
2005	39821298	21886427	13276801	4112	241273	1999721
2006	46906288	25364896	13911714	4674	230645	2302902

资料来源：历年《中国教育经费统计年鉴》。因为在年鉴中未公布 2006 年之后的各项数据，因此本书只梳理到 2006 年，空白部分为缺失数据

第八章　教育经费的管理

随着财政教育投入的大幅增加，加强对教育经费的管理成为政府的重要任务之一。教育经费的管理是政府在遵循管理原则和有关法规制度下，对教育经费进行筹措、分配和使用的过程。教育经费的管理关系到是否可以将教育经费有效使用，并可以更好地为我国教育的发展服务。

我国在对教育投入进行规划的同时，强调对教育经费的管理。在教育经费的管理中，从合理使用教育经费、完善各项制度到加强监管等方面，都相应地提出了要求。为规范中小学和高等学校的财务行为，加强财务管理，提高教育经费的使用效益，财政部和国家教委在 1997 年共同研究制定了《中小学财务制度》和《高等学校财务制度》，从各方面对教育经费的管理进行了规定（见附一和附二），并在 2012 年对其进行了修订，以适应当前教育事业的发展和财务管理工作的实际。此外，教育部将 2013 年确定为“教育经费管理年”，来进一步用好管好教育经费，促进教育事业的发展。

北京市在加大教育投入的同时，重视对教育经费的管理，对于国家方针政策，北京市都能够积极有效地落实，同时北京市还发展出许多具有针对性的地方教育经费管理办法，来保证和提高政府对教育经费的使用效率。以下将根据相关政策文件对北京市教育经费管理进行回顾。

1997 年，北京市财政局转发财政部《关于确保财政教育经费投入和加强教育费附加征收工作的通知》，并结合北京市的具体情况，在教育经费使用管理上，提出各级财政部门一方面应增加财政教育经费投入，另一方面又要加强各项教育经费的管理，精打细算，专款专用，妥善安排，避免重复和浪费。并结合市各区、县的实际情况，开始对各区（县）教育部门的大型修缮、购置等专项经费实行使用资金合同书制度。

1997 年，北京市政府印发《关于北京市教育事业发展“九五”计划和 2010 年长远规划》，指出要继续贯彻《中华人民共和国教育法》和《中华人民共和国预算法》，实行事权和财权相统一，在财政预算中，教育经费单独列项。要加强教育经费的使用管理，严格遵守审批程序。要坚持艰苦奋斗、勤俭办学的方针，建立健全财务制度，加强财务审计和监督。

1999 年，在《中共北京市委、北京市人民政府关于深化教育改革，全面推进素质教育的意见》中指出，要深化教育经费管理体制，完善教育拨款办法，充分发挥教育拨款在宏观调控中的作用，努力提高教育投入的使用效益。各类公办学校要在核算学生培养综合成本的基础上，核定学校经费预算。非义务教育学校的专项经费采取政府投入和学校自筹相结合的办法。向学生的收费要核定收费项目，制定收费高限，取消高中收费双轨制，严格禁止乱收费。

2002 年，北京市教委出台《关于加强基本建设财务管理的通知》，指出基本建设财务要严格执行财政部制定的《国有建设单位会计制度》，除国家拨款部分由市财政局将款项直接拨付单位基本建设财务专用账户外，自筹资金（含单位自筹、捐赠资金等）也必须专款存入基本建设财务专用账户，按基本建设财务制度核算以及所有单位不得以任何理由以支代拨基本建设自筹资金。

2003 年，教育部办公厅出台《关于进一步规范学校收费行为加强资金管理的紧急通知》，指出进一步加强学校收费资金管理，严禁挤占、截留、平调、挪用学校收费收入，确保学校收费收入全部用于教育事业的发展。义务教育学校的杂费、借读费收入要全部用于补充学校公用经费不足，不得用于教职工工资、津贴、福利、基建等项开支；普通高级中学、高等学校等的收费收入统筹用于办学支出。学校收费收入必须严格按照国家有关规定上缴同级财政专户，实行“收支两条线”管理。有关部门要在规定的时限内按学校缴款额及时足额返还给原学校。各地不得以任何理由将学校收费收入用于平衡财政预算，严禁挤占、截留、平调、挪用学校收费资金。目前一些部门按比例集中学校收费收入以及一些地方的教育行政部门统筹学校收费收入的做法，应当立即予以纠正。

2004 年，在教育部发布的《2003—2007 年中国教育振兴行动计划》中指出要严格管理，不断提高教育经费的使用效益。牢固树立勤俭办教育事业的思想。建立科学、规范的教育经费管理制度，进一步完善、规范各级各类学校收费政策，加强对教育经费的审计与监督，提高使用效益。对于中央本级财政资助的重点建设项目，要强化项目管理制度，建立行政、专家和社会中介机构相结合的项目评价系统。在逐年评价督查的基础上，实行与项目实效挂钩的滚动拨款制度和相应的激励机制。完善地方教育财政拨款制度。

2004 年，在北京市教委、市发改委与市财政局出台《关于北京市义务教育阶段学校贯彻“一费制”收费办法的通知》，指出“一费制”是义务教育阶段的杂费、课本费和作业本费，“一费制”是在市教委、市发改委与市财政局严格核定上述费用标准的基础上，按学期一次性统一向学生收取费用，并对“一费制”的收费标准、收取及使用、票据的使用及配套管理等做出了相应的规定。且在同年，市教委等部门出台了《关于进一步加强高等学校收费管理的通知》，对高等学校收费进行了规定，坚决制止乱收费，以促进高等教育事业的发展。

2006年，北京市政府出台《北京市市级教育经费基本支出预算管理办法（试行）》，提出了市级教育事业单位基本支出预算是部门预算的组成部分，是市级教育事业单位为保障机构正常运转和事业发展编制的年度基本支出计划，内容包括人员经费支出和公用经费支出两部分。在制定学校定额标准和编制预算方法上指出学校基本建设支出预算是根据年度学校综合财力情况进行统筹编制的年度经费支出计划,其中定额标准主要包括生均定额、艺术创作与实践经费定额、绩效拨款、离休人员经费定额、退休人员经费定额及其他定额体系。其中，生均定额是指对基本支出中人员经费和公用经费规定的额度标准，包括学科综合定额、专业学位研究生定额和学生助学金定额等。此外，对其他教育事业定额标准和编制预算方法、定额标准的公布与调整、基本支出预算的申报核定和执行监督进行了规定。

2006年，市教委、市发改委与市财政局出台《关于进一步加强高校教育收费管理若干问题的通知》，该通知在加强学历与非学历教育学费、收费和退费等方面进行了规定，规范高等学校收费管理，维护学校和学生的合法权益。

2006年，教育部出台《关于贯彻〈义务教育法〉进一步规范义务教育办学行为的若干意见》，指出依法建立义务教育经费保障机制，严格规范公办学校收费行为。各地要切实落实政府举办义务教育的责任，进一步巩固和完善义务教育经费保障机制，把维持学校运转的日常经费和事业发展的建设经费全面纳入财政预算，不留缺口。在义务教育经费保障机制建立之后，公办学校按照国家规定开展的教育教学活动和合理的办学支出要从公用经费中开支，不得自行以各种形式向学生和家长收费。

2007年，教育部等部门出台《关于2007年规范教育收费、进一步治理教育乱收费工作的实施意见》，指出扎实推进农村义务教育经费保障机制改革，严禁“一边免费，一边乱收费”，促进义务教育阶段均衡发展，积极探索解决城市“择校”乱收费的问题，继续做好改制学校清理整顿工作，规范改制学校收费行为和加强学校收费资金管理，建立学校资金使用公示制度等任务。在推进此文件基础上，北京市下发了《进一步加强教育收费管理坚决治理乱收费的通知》，对各级教育的教育收费都做出了规定和要求，来规范教育收费。

2008 年，北京市教育委员会发布了《关于严肃财经纪律加强中小学财务管理的几点意见》，指出随着教育资金总量的不断增加，学校办学条件不断改善，对中小学财务管理工作提出新的要求，从充分认识严肃财经纪律、加强法制教育、依法保障教育经费投入、建立资金安全管理制度、提高预算编制的科学性、严格执行资产管理制度、加强收费管理、严格落实《中华人民共和国会计法》和加强对规范中小学财务管理的监督和检查等方面提出了相应的意见，来进一步规范学校财务管理秩序，保障国有资产完整和提高经费使用效益。

2009 年，教育部和财政部出台《关于进一步加强中小学财务管理工作的意见》，该意见从严格中小学收入管理、支出管理、资产管理、财会队伍管理等方面提出了相应的规定。

2010 年，北京市政府出台了《关于 2010 年北京市进一步规范教育收费工作的意见》，提出严格落实已经明确的各项教育收费政策和管理效益等一系列任务，并且在财务管理上，指出任何部门和学校不得自行设立收费项目、制定或调整收费标准、扩大收费范围，严格按照规定使用收费资金以及认真落实义务教育学校实施绩效工资的政策等规定，来规范教育收费工作。

《国家中长期教育改革与发展规划纲要（2010—2020 年）》中指出要加强经费管理。坚持依法理财，严格执行国家财政资金管理法律制度和财经纪律。建立科学化、精细化预算管理机制，科学编制预算，提高预算执行效率。设立高等教育拨款咨询委员会，增强经费分配的科学性。加强学校财务会计制度建设，完善经费使用内部稽核和内部控制制度。完善教育经费监管机构职能，在高等学校试行设立总会计师职务，提升经费使用和资产管理专业化水平。公办高等学校总会计师由政府委派。加强经费使用监督，强化重大项目建设和经费使用全过程审计，确保经费使用规范、安全、有效。建立并不断完善教育经费基础信息库，提升经费管理信息化水平。防范学校财务风险。建立经费使用绩效评价制度，加强重大项目经费使用考评。加强学校国有资产管理，建立健全学校国有资产配置、使用、处置管理制度，防止国有资产流失，提高使用效益。完善学校收费管理办法，规范学校收费行为和收费资金使用管理。坚持勤俭办学，严禁铺张浪费，建设节约型学校。

从以上文件可知，国家和北京市政府出台了许多关于教育经费管理的针对性文件，来保证教育经费的使用效益。其中，从确保财政教育经费投入和加强教育费附加征收、市级教育经费基本支出预算管理办法、规范化教育收费到严肃财经纪律加强中小学财务管理等各方面都做出了相关的规定，确保在增加教育经费投入的同时保证教育经费的合理使用，促进北京市各级教育的发展。

第一节　中小学收费管理

在中小学收费上，国家和北京市政府都出台了一系列政策，不断规范化中小学收费，加强经费管理。

1990 年，北京市教育局、市物价局和市财政局印发《关于加强中小学收费管理，坚决制止乱收费的通知》，指出：中小学所有收费项目及其收费标准，必须执行《北京市行政性、事业性收费审批管理暂行办法》的规定；中小学所有收费项目及其标准的设立、制定和调整，统一由市教育局提出意见，经市物价局会同市财政局审核同意后执行，重要项目需报市人民政府批准。除此外，本市任何单位和学校无权设立收费项目和制定、调整收费标准；凡属中小学职责范围内的常规教学、辅导（包括电化和计算机教学辅导）、课外活动，办理正常的录取、转学、插班，均不得收费，禁止向学生罚款，不得向学生预收课桌椅或教学用具、设备、财产等保管押金；学校应严格控制代收代管费项目，凡是能由学生自行购买或自行到有关单位办理交款手续的，学校不要统一收管；各中小学要严格执行市、区（县）招生计划，不得搞所谓的“计划外”招生，高额收费，不得举办全日制复读班、补习班和接收已毕业学生插班复读来收取高额费用；学校按规定收取的费用，应全部纳入学校财务管理，设立收费专项账册等。

1991 年，市教育局转发国家教委《关于坚决制止中小学乱收费的规定》，指出：小学、初中阶段的学生免收学费，只收取杂费，非义务教育阶段的高级中等学校可收取杂费和学费；学生正常转学，应按有关规定办理转学手续，学校除按规定的项目和标准收取费用外，不得向学生额外收取其他费用；中小学校不得举办全日制复读班，或接收毕业生插班复读，不得搞“计划外”招生，向学生收取高额费用；学校应严格控制代购项目。学生课本和练习本，可以由学校统一代购，但必须本着自愿原则办理；学校不得为其他部门、单位代收各种费用；中小学校开展勤工俭学活动，不得向学生收钱、收物充当勤工俭学收入；民办教师报酬，应由当地人民政府统筹解决，不得按学生人头向学生摊派；中小学校在每学期开学前，应把本学期经批准的收费项目、标准。

1995 年，国家教委印发《关于治理中小学乱收费工作的实施意见》，提出义务教育阶段收费工作“五不准”规定：一是九年义务教育阶段初中和小学必须坚持就近入学的原则，不准招收“择校生”，严禁把捐资助学同录取学生挂钩；二是初中和小学必须严格执行新课程教学计划，不准举办各种收费的补习班、补课班、兴趣班、“提高班”、“超常班”；三是除经国家教委及省级教育行政部门审定和规定的教学用书外，不准以行政手段强制学生购买和使用任何形式的习题集、测试手册、学科知识书刊、各种复习资料、报纸杂志、除作业本外的文具用品和其他商品；四是对社会有关部门和单位向学校的乱摊派、乱罚款和搭车收费，学校要坚决抵制，并通过教育行政部门提请当地政府及纠风办和监察部门予以制止和纠正；不准把社会对学校的乱摊派转嫁到中小学生头上，严格控制代收费项目；五是未按国家规定的收费审批权限批准，不准擅自出台中小学收费项目、扩大收费范围、提高收费标准。之后，北京市以义务教育阶段为重点，以国家“五不准”为目标，实施中小学治理乱收费工作。

1996年，北京市中小学“择校生”实行“三限”，即限分数、限人数和限钱数。1997年，市教委、市政府转发市政府办公厅出台的《关于加强中小学收费专项治理工作的通知》，规定义务教育阶段公办学校原则取消“择校生”，尚未完全实现就近入学、取消“择校生”确有困难的少数学校，必须严格按照国家教委和本市的有关规定办理。对“择校生”实行按学年度收取教育补偿金，不允许一次收取一年以上费用以及坚决制止各种以权谋私的“条子生”“关系生”。

2000年，市教委印发《2000年北京市治理中小学乱收费工作意见》，指出义务教育阶段公办学校不准招收择校生，巩固义务教育阶段公办学校停止招收“择校生”的成果；不准在义务教育阶段举办以各种名目收取费用的超常班、重点班和补习班；不准以行政手段强制学生购买复习资料；严格控制代收性收费项目，小学、中学收费卡所列项目之外的不准统一收费、代购；不准教育行政部门和学校强行组织办理与学生有关的社会保险；民办中小学要严格按照市物价部门批准的收费标准收费，不得随意提高收费标准；进一步规范高中教育阶段的收费，高中教育阶段的收费也要严格执行市物价部门出台的收费标准；严格按照《关于修订加强捐资助学资金管理暂行规定的通知》进行管理。到年底，北京市基本实现中小学校实行收费公示制度。

2001年，市教委、市监察局印发《2001年北京市治理中小学乱收费工作意见》，指出高中招收“择校生”严格遵守“三限”政策：限分数（由区县教育行政部门提出限分数原则意见，招生学校提出招收择校生的最低分数线，不准违反规定录取低于最低录取分数线的新生）；限人数（以每班45 ~ 50人制定招生计划，列入招生简章，招收“择校生”需要增报计划，不列入招生简章，不准挤压计划内的招生指标，“择校生”人数不得超过当年学校招生计划总数的10%，每个新生教学班不得突破50人，学校不得接受未办理学籍手续的学生入学）；限钱数（按照市政府规定收取择校费、所收费用纳入“收支两条线”管理，不准收取“赞助费”或“建校费”等）。在当年7月，市教委、市物价局、市财政局发文要求农村小学、初级中学除杂费、借读费、住宿费和统一代收的课本费外，不准收取或代收其他任何费用。在9月，市教委提出普教系统校务公开以收费公开为重点，对校内公开财务收支情况，对外公开学校收费情况。2002年以后，对高中择校费做出了进一步规定，要求择校收费由区（县）教育行政部门统一办理，上缴同级财政专户，不得用于个人津贴、奖励等。

2008年，市教委、市纠风办、市发改委、市财政局、市审计局、市新闻出版局发文提出办学体制改革试点学校转办公办学校的，执行公办学校收费和标准；转办民办学校的，执行《北京市实施〈中华人民共和国民办教育促进法〉办法》。

通过梳理以上文件可知，北京市不断加强中小学的收费管理。通过规范化收费管理，保证教育工作的顺利实行。

第二节 高校科研经费管理

在高校科研经费的管理上，科研经费的使用和管理是否规范，对于高校科研事业的发展具有重要的影响。在高校科研经费的管理上，国家和北京市政府都出台了相应的政策来保证高校科研经费的合理使用。

2002年，在《北京市科技计划项目（课题）经费管理办法》中对北京市科研项目经费的支出范围、经费预算的编制与审批、经费拨付、经费决算和经费管理与监督等方面制定了相应的办法。

2002年，财政部和国家自然科学基金委员会共同下发关于《国家自然科学基金项目资助经费管理办法》，指出项目资助经费是指用于资助自然科学基础研究和部分应用研究，发现和培养科技人才等自然科学基金项目的专项资金，并从预算管理、拨款管理、经费决算与监督管理等方面做出了规定。

2005年，教育部和财政部共同出台《关于进一步加强高校科研经费管理的若干意见》，提出加强科研经费管理，提高资金使用效益，是高校科技事业持续、健康发展的基本保证。必须将科研经费纳入学校财务部门统一管理。高校取得的各类科研经费，不论其资金来源渠道，均为学校收入，必须全部纳入学校财务部门统一管理、集中核算，并确保科研经费专款专用。并从建立健全科研经费管理责任制，不断完善校内科研经费管理制度，加强对项目管理费、人员经费、业务费等支出的管理，建立研究生助研津贴制度，加强科研经费转拨管理，加强科研项目结余经费管理，规范固定资产和无形资产管理，加强科研合同管理，逐步建立科研经费绩效考核制度，必须加强科研经费的监督检查工作等方面提出意见。

2005 年，在《教育部办公厅关于转发科学技术部〈关于严肃财经纪律规范国家科技计划课题经费使用和加强监管的通知〉的通知》中提出严禁从课题经费提成用于人员奖励支出，严禁从课题经费中直接提取管理费计入课题成本，严禁挤占挪用课题经费、超预算范围开支的行为，严禁违反规定自行调整课题经费预算，严禁编制虚假预算套取课题经费，严禁课题结题后不及时进行财务结算、长期挂账报销费用，严禁提供虚假配套承诺或不及时足额提供配套资金以及严禁课题经费脱离依托单位财务部门监管八条严禁规定，来规范国家科技计划课题经费使用和管理。

2006 年，在国务院出台《国家中长期科学技术发展规划纲要（2006—2020 年）》，指出充分发挥高等学校在自主创新中的重要作用。深化高等教育改革，调整高等教育结构，加强重点学科建设。大幅度增加科技投入，建立多元化、多渠道的科技投入体系，全社会研究开发投入占国内生产总值的比例逐年提高，使科技投入水平同进入创新型国家行列的要求相适应。

2006 年，国务院办公厅转发《财政部、科技部〈关于改进和加强中央财政科技经费管理的若干意见〉的通知》，从完善科技资源配置的统筹协调和决策机制、优化中央财政科技投入结构、创新财政经费支持方式、推动产学研结合、健全科研项目立项及预算评审评估制度、强化科研项目经费使用的监督管理等方面对进一步规范财政科技经费管理和提高经费使用效益进行了规定。

2011 年，在《财政部、科技部关于调整国家科技计划和公益性行业科研专项经费管理办法若干规定的通知》中从调整课题经费开支范围、强化预算编制和评估评审要求、加强资金拨付和结存结余经费的管理、简化预算调整程序、强化课题承担单位和课题合作单位的职责、加强监督检查等方面加强对科研经费的管理。

2011 年，教育部出台《关于进一步贯彻执行国家科研经费管理政策、加强高校科研经费管理的通知》，从严格执行国家科研经费管理政策和进一步加强高校科研经费管理两方面做出规定，指出高校是所承担项目经费使用和管理的责任主体。学校“一把手”要高度重视科研经费管理工作，切实加强领导，有关科研经费管理的重大问题应按照有关规定由学校党委常委会或校长办公会进行专题研究决定。建立健全经费管理制度，完善内部控制和监督制约机制，并采取有效措施切实保障科研、财务、行政等管理部门对项目实施的全面支撑。

通过梳理以上政策，可以得知在高校科研经费的管理上，国家和市政府都不断完善各项政策和规定，来提高科研经费的使用效益。通过对高校科研经费进行规范化管理，推动高校科研工作的顺利开展。

附一　1997 年中小学财务制度

第一章　总则

第一条　为规范中小学校的财务行为，加强财务管理，提高资金使用效益，促进教育事业发展，根据《事业单位财务规则》和国家有关法规，结合中小学校特点，制定本制度。

第二条　本制度适用于各级人民政府举办的普通中小学校、职业中学、特殊教育学校、工读教育学校、幼儿园、成人中学和成人初等学校。企业事业组织、社会团体及其他社会组织举办的上述学校参照执行。

第三条　中小学校财务管理的基本原则是：贯彻执行国家有关法律、法规和财务规章制度；坚持勤俭办学的方针；正确处理事业发展需要和资金供给的关系，社会效益和经济效益的关系，国家、集体和个人三者利益的关系。

第四条　中小学校财务管理的主要任务是：合理编制学校预算；依法多渠道筹集事业资金；加强核算，提高资金使用效益；加强资产管理，防止国有资产流失；建立健全财务规章制度；对学校经济活动进行财务控制和监督；定期进行财务分析，如实反映学校财务状况。

第二章　财务管理体制

第五条　单独设置财务机构的中小学校，实行“统一领导、统一管理”的体制。学校的财务活动在校长的领导下，由财务部门统一管理。不具备条件或不需要单独设置财务机构的中小学校，实行“集中管理、分校核算”的体制。即在一定区域内，设置中心财务机构，统一管理区域内中小学校的财务活动，学校只设报账员，在校长领导下，管理学校的财务活动，统一向中心财务机构报账。具体实行何种体制，由地方根据当地实际情况确定。

第六条　中小学校财会人员的工作职责、工作权限、技术职称、任免奖罚，应严格按照《会计法》规定执行。

第七条 中小学校校办产业、勤工俭学项目的财务活动，由学校财务机构统一领导。

第三章 单位预算管理

第八条 预算是指中小学校根据教育事业发展计划和任免编制的年度财务收支计划。中小学预算包括收入预算和支出预算。

第九条 国家对中小学校实行“核定收支、定额或者定项补助、超支不补、结余留用”的预算管理办法。定额或者定项补助标准根据中小学校特点、学校收支状况、事业发展计划以及国家财政政策和财力可能确定。

第十条 预算编制原则

中小学校预算编制，坚持“量入为出、统筹兼顾、保证重点、收支平衡”的原则，学校应当自求平衡，不得编制赤字预算。

第十一条 预算编制方法

（一）收入预算，应考虑学校维持正常运转和发展的基本需要，参考以前年度预算执行情况，根据预算年度的收入增减因素和措施测算编制。

（二）支出预算，根据学校开展教学及其他活动需要和财力可能测算编制。支出预算的编制，应在保证教学和行政管理人员工资的前提下，妥善安排其他各项支出。

第十二条 预算编报审批程序

中小学校预算由学校提出预算建议方案，按照国家预算支出分类和管理权限分别上报各有关主管部门审核汇总报财政部门核定预算控制数。中小学校根据预算控制数编制预算，由各有关主管部门汇总报财政部门审核批复后执行。

第十三条 预算执行和调整

中小学校预算在执行过程中，财政补助收入和从财政专户核拨的预算外资金一般不予调整；如果国家有关政策或事业计划有较大调整，对预算执行影响较大，确需调整时，可以报请主管部门或者财政部门调整预算。其余收入项目需要调增、调减的，由学校自行调整并报主管部门和财政部门备案。

收入预算调整后，相应调增或者调减支出预算。

第四章 收入管理

第十四条 收入是指中小学校开展教学及其他活动依法取得的非偿还性资金。

第十五条 中小学校收入包括：

（一）财政补助收入，即中小学校从财政部门取得的各项事业经费，包括教育事业费、教育费附加、地方教育附加费、公费医疗经费、住房改革经费等。上述财政补助收入，应当按照国家预算支出分类和不同和管理规定，进行管理和安排使用。

（二）上级补助收入，即中小学从主管部门和上级单位取得的非财政补助收入。

（三）事业收入，即中小学校开展教学及其辅助活动依法取得的收入，包括：义务教育阶段学生缴纳的杂费；非义务教育阶段学生缴纳的学费；借读学生缴纳的借读费；住宿学生缴纳的住宿费；按照有关规定向学生收取的其他费用等。其中：按照国家规定应当上缴财政纳入预算的资金和应当缴入财政专户的预算外资金，要及时足额上缴，不计入事业收入；从财政专户核拨的预算外资金和部分经核准不上缴财政专户的预算外资金，计入事业收入。

（四）经营收入，即中小学校在教学及其辅助活动之外，开展非独立核算经营活动取得的收入。

（五）附属单位上缴收入，即中小学校附属独立核算的校办产业和勤工俭学项目按照有关规定上缴的收入。

（六）其他收入，即上述规定范围以外的各项收入，包括社会捐赠、投资收益、利息收入等。

第十六条　中小学校必须严格按照国家有关政策规定依法组织收入；各项收费必须严格执行国家规定的收费范围和标准，并使用符合国家规定的合法票据；各项收入必须全部纳入学校预算，统一管理，统一核算。

第五章　支出管理

第十七条　支出是指中小学校为开展教学及其他活动发生的各项资金耗费和损失。

第十八条　中小学校支出包括：

（一）事业支出，即中小学开展教学及其辅助活动发生的支出。事业支出的内容包括基本工资、补助工资、其他工资、职工福利费、社会保障费、助学金、公务费、业务费、设备购置费、修缮费和其他费用。

（二）建设性支出，即中小学用于建筑设施方面的支出，包括用专项资金和社会捐赠等新建、改扩建建筑设施发生的支出。

（三）经营支出，即中小学校在教学及其辅助活动之外开展非独立核算经营活动发生的支出。

（四）对附属单位补助支出，即中小学校用财政补助收入之外的收入对附属单位补助发生的支出。

第十九条 中小学校开展非独立核算经营活动，必须以不影响正常教学活动为前提。在开展非独立核算经营活动中，应当正确归集实际发生的各项费用；不能直接归集的，应当按照规定的比例合理分摊。经营支出应当与经营收入配比。

第二十条 中小学校从有关部门取得的有指定项目和用途并且要求单独核算的专项资金，应当按照要求定期报送资金使用情况；项目完成后，应当报送资金支出决算和使用效果的书面报告，并接受有关部门的检查、验收。

第二十一条 中小学校的支出应当严格执行国家有关财务规章制度规定的开支范围及开支标准；国家有关财务规章制度没有统一规定的，由学校结合本校情况规定，报主管部门和财政部门备案。学校规定违反法律和国家政策的，主管部门和财政部门应当责令改正。

第二十二条 中小学校要加强对支出的管理，各项支出应按实际发生数列支，不得虚列虚报，不得以计划数和预算数代替。

第六章 结余及其分配

第二十三条 结余是指中小学校年度收入与支出相抵后的余额。

经营收支结余应当单独反映。可以按照国家有关规定弥补以前年度经营亏损，其余部分并入学校结余。

第二十四条 中小学校的结余（不含实行预算外资金结余上缴办法的预算外资金结余），除专项资金按照国家规定结转下一年度继续使用外，可以按照国家有关规定提取职工福利基金，剩余部分作为事业基金用于弥补以后年度收支差额。国家另有规定的，从其规定。

第七章 专用基金管理

第二十五条 专用基金是指中小学校按照规定提取和设置的有专门用途的资金。

第二十六条 专用基金包括修购基金、职工福利基金、医疗基金、奖教奖学基金等。修购基金是按照事业收入和经营收入的一定比例提取，在修缮费和设备购置费中列支，以及按照其他规定转入，用于固定资产维修和购置的资金。

职工福利基金是按照结余的一定比例提取以及按照其他规定提取转入，用于职工集体福利设施、集体福利待遇等的资金。医疗基金是按照规定标准提取，并参照公费医疗制度有关规定用于未纳入公费医疗经费开支范围的职工医疗开支的资金。奖教奖学基金是接受社会捐赠，专门用于奖励教职工和学生的无须保留本金的资金。中小学校可以按照国家有关规定，根据事业发展需要提取或者设置其他专用基金。

第二十七条　各项基金的提取比例和管理办法，国家有统一规定的，按照统一规定执行；没有统一规定的由主管部门会同同级财政部门确定。

第八章　资产管理

第二十八条　资产是指中小学占有或者使用的能以货币计量的经济资源，包括各种资产、债权和其他权利。

第二十九条　中小学校的资产包括流动资产、固定资产、无形资产和对外投资等。

第三十条　流动资产是指可以在一年以内变现或者耗用的资产，包括现金、各种存款、应收及暂付款项、借出款、存货等。存货是指中小学校在开展教学及其他活动过程中为耗用而储存的资产，包括各类材料、燃料、消耗物资和低值易耗品等。中小学校应当建立、健全现金及各种存款的内部管理制度。对应收入暂付款项应当及时清理结算，不得长期挂账；对确实无法收回的应收入暂付款项，要查明原因，分清责任，经规定程序批准后核销。对存货应当进行定期或者不定期的清查盘点，保证账实相符，存货的盘盈、盘亏应及时进行调整。

第三十一条　固定资产是指一般设备单位价值在 500 元以上、专用设备单位价值在 800 元以上，使用期限在一年以上，并在使用过程中基本保持原有物质形态的资产。单位价值虽未达到规定标准,但耐用时间在一年以上的大批同类物资，作为固定资产管理。中小学校的固定资产一般分为六类：房屋和建筑物；专用设备；一般设备；文物和陈列品；图书；其他固定资产。中小学校应根据规定的固定资产标准，结合本校的具体情况，制定各类固定资产的明细目录。

第三十二条　固定资产的租赁，应经过有关部门批准，并向租赁者收取租赁费。租赁费计入经营收入。

第三十三条　中小学校固定资产的报废和转让，一般经单位负责人批准后核销。大型、精密、贵重的设备、仪器报废和转让，应当经过有关部门鉴定，报主管部门或国有资产管理部门、财政部门批准。固定资产变价收入计入修购基金。

第三十四条 中小学校应当定期或者不定期地对固定资产进行清查盘点。年度终了前，应当进行一次全面的清查盘点，做到账、卡、物相符。对固定资产的盘盈、盘亏应当按规定程序及时处理。

第三十五条 无形资产是指不具有实物形态而能为使用者提供某种权利的资产，包括商标权、著作权、土地使用权、非专利技术、商誉以及其他财产权利。

中小学校转让无形资产，应当按照有关规定进行资产评估，取得的收入除国家另有规定外计入事业收入。中小学校取得无形资产而发生的支出，计入事业支出。

第三十六条 对外投资是指中小学校利用货币资金、实物、无形资产等向校办产业、勤工俭学项目和其他单位的投资。中小学校对外投资，应当按照国家有关规定报主管部门、国有资产管理部门和财政部门批准或备案。中小学校以实物、无形资产对外投资的，应当按照国家有关规定进行资产评估。对校办产业和勤工俭学项目投资取得的收益，计入附属单位上缴收入；对其他单位投资取得的收益，计入其他收入；国家另有规定者除外。

第九章 负债管理

第三十七条 负债是指中小学校所承担的能以货币计量，需要以资产或劳务偿还的债务。

第三十八条 中小学校的负债包括借入款、应付及暂存款、应缴款项、代管款项等。应缴款项包括中小学校收取的应当上缴财政预算的资金和应当上缴财政专户的预算外资金、应缴税金以及其他按照国家有关规定应当上缴的款项。

代管款项是指中小学校接受委托代为管理的各类款项。

第三十九条 中小学校应当对不同性质的负债分别管理，及时清理并按照规定办理结算，保证各项负债在规定期限内归还。

第十章 财务清算

第四十条 经国家有关部门批准，中小学校发生划转撤并时，应当进行财务清算。

第四十一条 中小学校财务清算，应当成立财务清算机构，在主管部门和财政部门、国有资产管理部门的监督指导下，对学校的财产、债权、债务等进行全面清理，编制财产目录和债权、债务管理，提出财产作价依据和债权、债务处理办法，做好国有资产的移交、接收、划转和管理工作，并妥善处理各项遗留问题。

第四十二条　划转撤并的中小学财务清算结束后，经主管部门审核并报国有资产管理部门和财政部门批准，分别按照下列办法处理：

（一）因隶属关系改变，成建制划转的中小学校，其全部资产、债权、债务等无偿移交，并相应划转事业经费指标。

（二）撤销的中小学校，全部资产、债权、债务等由主管部门和财政部门核准处理。

（三）合并的中小学校，全部资产、债权、债务等移交接收单位或新组建单位。合并后多余的国有资产由主管部门和财政部门核准处理。

第十一章　财务报告和财务分析

第四十三条　财务报告是反映中小学校一定时期财务状况和事业发展成果的总结性书面文件。中小学校应当按照国家预算支出分类和管理权限定期向各有关主管部门和财政部门以及其他有关的报表使用者提供财务报告。

第四十四条　中小学校报送的年度财务报告包括资产负债表、收支情况表、专用基金变动情况表、有关附表及财务情况说明书。

第四十五条　财务情况说明书，主要说明中小学校收入及其支出、结余及其分配、资产负债变动、专用基金变动的情况，对本期或者下期财务状况发生重大影响的事项，以及需要说明的其他事项。

第四十六条　中小学校的财务分析是财政管理工作的重要组成部分。中小学校应当按照主管部门和规定和要求，根据学校财务管理的需要，定期编制财务分析报告。财务分析的内容包括中小学校事业发展和预算执行、资产使用管理、收入、支出和专用基金变动以及财务管理情况、存在主要问题和改进措施等。财务分析指标包括预算收支完成率、人员支出与公用支出分别占事业支出的比率、资产负债率、生均支出增减率等。中小学校可以根据本校特点增加财务分析指标。

第十二章　财务监督

第四十七条　财务监督是贯彻国家财经法规以及学校财务规章制度，维护财经纪律的保证。中小学校必须接受国家有关部门的财务监督，并建立严密的内部监督制度。

第四十八条　中小学校的财务监督包括事前监督、事中监督和事后监督三种形式。学校可根据实际情况对不同的经济活动实行不同的监督方式。

第四十九条 中小学校的财会人员有权按《中华人民共和国会计法》及其他有关规定行使财务监督权。对违反国家财经法规的行为，有权提出意见并向上级主管部门和其他有关部门反映。

第十三章 附则

第五十条 国家对中小学校的基本建设投资的财务管理，按照国家有关规定办理。

第五十一条 独立核算的中小学校校办产业及勤工俭学项目的财务管理，执行《企业财务通则》和同行业或者相近行业企业财务制度，不执行本制度。

第五十二条 各省、自治区、直辖市可根据本制度结合本地区实际情况制定管理办法。

第五十三条 中小学校可根据本制度结合学校实际情况制定具体的财务管理办法，报主管部门备案。

第五十四条 本制度由财政部、国家教育委员会负责解释和修订。

第五十五条 本制度自 1997 年 1 月 1 日起施行。凡与本制度不一致的，以本制度为准。

附二 1997 年高等学校财务制度

第一章 总则

第一条 为规范高等学校财务行为，加强财务管理，提高资金使用效益，促进事业发展，根据《事业单位财务规则》和国家有关法规，结合高等学校特点，制定本制度。

第二条 本制度适用于各级人民政府举办的全日制普通高等学校、成人高等学校。普通中等专业学校、技工学校、成人中等专业学校依照执行。企业事业组织、社会团体及其他社会组织举办的上述学校参照执行。

第三条 高等学校财务管理的基本原则是：贯彻执行国家有关法律、法规和财务规章制度；坚持勤俭办学的方针；正确处理事业发展需要和资金供给的关系，社会效益和经济效益的关系，国家、集体和个人三者利益的关系。

第四条 高等学校财务管理的主要任务是：依法多渠道筹集事业资金；合理编制学校预算，并对预算执行过程进行控制和管理；科学配置学校资源，努力节约支出，提高资金使用效益；加强资产管理，防止国有资产流失；建立健全财务规章制度，规范校内经济秩序；如实反映学校财务状况；对学校经济活动的合法性、合理性进行监督。

第二章　财务管理体制

第五条　高等学校实行“统一领导、集中管理”的财务管理体制；规模较大的学校实行“统一领导、分级管理”的财务管理体制。

第六条　高等学校财务工作实行校（院）长负责制。符合条件的高等学校，应设置总会计师，协助校（院）长全面领导学校的财务工作。凡设置总会计师的高等学校，不设与总会计师职权重叠的副校（院）长。规模较小的高等学校，由主管财务工作的校（院）长代行总会计师职权。

第七条　高等学校必须单独设置财务处（室），作为学校的一级财务机构，在校（院）长和总会计师的领导下，统一管理学校的各项财务工作，不得在财务处（室）之外设置同级财务机构。

第八条　高等学校校内后勤、科技开发、校办产业及基本建设等部门因工作需要设置的财务机构，只能作为学校的二级财务机构，其财会业务接受财务处（室）的统一领导。高等学校二级财务机构必须遵守和执行学校统一制定的财务规章制度，并接受财务处（室）的监督和检查。

第九条　高等学校校内设置财务会计机构，必须相应配备专职财会人员。校内各级财会主管人员的任免应当经过上一级财务主管部门同意，不得任意调动或者撤换。财会人员的调入、调出、专业技术职务的评聘须由财务部门会同有关部门办理。

第三章　单位预算管理

第十条　高等学校预算是指高等学校根据事业发展计划和任务编制的年度财务收支计划。高等学校必须在预算年度开始前编制预算。预算的内容包括收入预算和支出预算。预算由校级预算和所属各级预算组成。

第十一条　预算编制原则

高等学校编制预算必须坚持“量入为出、收支平衡”的总原则。收入预算坚持积极稳妥原则；支出预算坚持统筹兼顾、保证重点、勤俭节约等原则。

第十二条　预算编制方法

高等学校预算参考以前年度预算执行情况，根据预算年度事业发展计划和任务与财力可能，以及年度收支增减因素进行编制。校级预算和所属各级预算必须各自平衡，不得编制赤字预算。

第十三条 预算编制和审批程序

高等学校预算由学校财务处（室）根据各单位收支计划，提出预算建议方案，经学校最高财务决策机构审议通过后，按照国家预算支出分类和管理权限分别上报各有关主管部门，审核汇总报财政部门核定预算控制数（一级预算单位直接报财政部门，下同）。高等学校根据预算控制数编制预算，由各有关主管部门汇总报财政部门审核批复后执行。

第十四条 预算调整

高等学校预算在执行过程中，对财政补助收入和从财政专户核拨的预算外资金收入一般不予调整；如果国家有关政策或事业计划有较大调整，对收支预算影响较大，确需调整时，可以报请主管部门或者财政部门调整预算。其余收入项目需要调增、调减的，由学校自行调整并报主管部门和财政部门备案。收入预算调整后，相应调增或者调减支出预算。

第四章 收入管理

第十五条 收入是指高等学校开展教学、科研及其他活动依法取得的非偿还性资金。

第十六条 高等学校收入包括：

（一）财政补助收入，即高等学校从财政部门取得的各类事业经费。具体包括：

1. 教育经费拨款，即高等学校从中央和地方财政取得的教育经费，包括教育事业费等。

2. 科研经费拨款，即高等学校从有关主管部门取得的科学研究经费，包括科学事业费和科技三项费用等。

3. 其他经费拨款，即高等学校取得的上述拨款以外的事业经费，包括公费医疗经费、住房改革经费等。上述财政补助收入，应当按照国家预算支出分类和不同的管理规定，进行管理和安排使用。

（二）上级补助收入，即高等学校从主管部门和上级单位取得的非财政补助收入。

（三）事业收入，即高等学校开展教学、科研及其辅助活动取得的收入。包括：

1. 教学收入，指高等学校开展教学及其辅助活动所取得的收入，包括：通过学历和非学历教育向单位或学生个人收取的学费、培养费、住宿费和其他教学收入。

2. 科研收入，指高等学校开展科研及其辅助活动所取得的收入，包括：通过承接科技项目、开展科研协作、转作科技成果、进行科技咨询所取得的收入和其他科研收入。上述事业收入中，按照国家规定应当上缴财政纳入预算的资金和应当缴入财政专户的预算外资金，应及时足额上缴，不计入事业收入；从财政专户核拨的预算外资金和部分经核准不上缴财政专户的预算外资金，计入事业收入。

（四）经营收入，即高等学校在教学、科研及其辅助活动之外，开展非独立核算经营活动取得的收入。

（五）附属单位上缴收入，即高等学校附属独立核算单位按照有关规定上缴的收入。

（六）其他收入，即上述规定范围以外的各项收入，包括投资收益、捐赠收入、利息收入等。

第十七条　高等学校必须严格按照国家有关政策规定依法组织收入；各项收费必须严格执行国家规定的收费范围和标准，并使用符合国家规定的合法票据；各项收入必须全部纳入学校预算，统一管理，统一核算。

第五章　支出管理

第十八条　支出是指高等学校开展教学、科研及其他活动发生的各项资金耗费和损失。

第十九条　高等学校支出包括：

（一）事业支出，即高等学校开展教学、科研及其辅助活动发生的支出。事业支出的内容包括基本工资、补助工资、其他工资、职工福利费、社会保障费、助学金、公务费、业务费、设备购置费、修缮费和其他费用。事业支出按其用途划分为教学支出、科研支出、业务辅助支出、行政管理支出、后勤支出、学生事务支出和福利保障支出。教学支出是指高等学校各教学单位为培养各类学生发生在教学过程中的支出。科研支出是指高等学校为完成所承担的科研任务，以及所属科研机构发生在科学研究过程中的支出。业务辅助支出是指高等学校图书馆、计算中心、电教中心、测试中心等教学、科研辅助部门为支持教学、科研活动所发生的支出。行政管理支出是指高等学校行政管理部门为完成学校的行政管理任务所发生的支出。后勤支出是指高等学校的后勤部门为完成所承担的后勤保障任务所发生的支出。学生事务支出是指高等学校在教学业务以外，直接用于学生事务性的各类费用开支，包括学生奖贷基金、助学金、勤工助学基金、学生物价补贴、学生医疗费和学生活动费等。福利保障支出是指高等学校用于教职工社会保障和福利待遇以及离退休人员社会保障和福利待遇方面的各类费用开支。

（二）经营支出，即高等学校在教学、科研及其辅助活动之外开展非独立核算经营活动发生的支出。

（三）自筹基本建设支出，即事业单位用财政补助收入以外的资金安排自筹基本建设发生的支出。事业单位应在保证事业支出需要、保持预算收支平衡的基础上，统筹安排自筹基本建设支出，随年度预算报主管部门和财政部门核批，并按审批权限，报经有关部门列入基本建设计划。核定的自筹基本建设资金纳入基本建设财务管理。

（四）对附属单位补助支出，即高等学校用财政补助收入之外的收入对附属单位补助发生的支出。

第二十条 高等学校在开展教学、科研和非独立核算的经营活动中，应当正确归集实际发生的各项费用；不能直接归集的，应当按照规定的比例合理分摊。经营支出应当与经营收入配比。

第二十一条 高等学校从有关部门取得的有指定项目和用途并且要求单独核算的专项资金，应当按照要求定期报送资金的使用情况；项目完成后，应当报送资金支出决算和使用效果的书面报告，并接受有关部门的检查、验收。

第二十二条 高等学校要加强对支出的管理，各项支出应按实际发生数列支，不得虚列虚报，不得以计划数和预算数代替。对校内各单位包干使用的经费和核定定额的费用，其包干基数和定额标准要本着勤俭节约的原则科学合理地制定。

第二十三条 高等学校的支出应当严格执行国家有关财务规章制度规定的开支范围及开支标准；国家有关财务规章制度没有统一规定的，由学校结合本校情况规定，报主管部门和财政部门备案。学校规定违反法律和国家政策的，主管部门和财政部门应当责令改正。

第六章 结余及其分配

第二十四条 结余是指高等学校年度收入与支出相抵后的余额。经营收支结余应当单独反映。经营收支结余可以按照国家有关规定弥补以前年度经营亏损，其余部分并入学校结余。

第二十五条 高等学校的结余（不含实行预算外资金结余上缴办法的预算外资金结余），除专项资金按照国家规定结转下一年度继续使用外，可以按照国家有关规定提取职工福利基金，剩余部分作为事业基金用于弥补以后年度收支差额。国家另有规定的，从其规定。

第七章　专用基金管理

第二十六条　专用基金是指高等学校按照规定提取和设置的有专门用途的资金。

第二十七条　专用基金包括修购基金、职工福利基金、学生奖贷基金、勤工助学基金等。修购基金是按照事业收入和经营收入的一定比例提取，在修缮费和设备购置费中列支，以及按照其他规定转入，用于固定资产维修和购置的资金。职工福利基金是按照结余的一定比例提取以及按照其他规定提取转入，用于职工集体福利设施，集体福利待遇等的资金。学生奖贷基金是按照规定提取用于发放学生奖学金和贷款的资金。勤工助学基金是按照规定从教育事业费和事业收入中提取的，用于支付学生开展勤工助学活动报酬以及困难学生补助的资金。高等学校可以按照国家有关规定，根据事业发展需要提取或者设置其他专用基金。

第二十八条　各项基金的提取比例和管理办法，国家有统一规定的，按照统一规定执行；没有统一规定的，由主管部门会同同级财政部门确定。

第八章　资产管理

第二十九条　资产是指高等学校占有或者使用的能以货币计量的经济资源，包括各种财产、债权和其他权利。

第三十条　高等学校的资产包括流动资产、固定资产、无形资产和对外投资等。

第三十一条　流动资产是指可以在一年以内变现或者耗用的资产，包括现金、各种存款、应收及暂付款项、借出款、存货等。存货是指高等学校在开展教学、科研及其他活动过程中为耗用而储存的资产，包括各类材料、燃料、消耗物资、低值易耗品等。高等学校应当建立、健全现金及各种存款的内部管理制度。对应收及暂付款项应当及时清理结算，不得长期挂账；对确实无法收回的应收及暂付款项，要查明原因，分清责任，按规定程序批准后核销。对存货应当进行定期或者不定期的清查盘点，保证账实相符，存货的盘盈、盘亏应及时进行调整。

第三十二条　固定资产是指一般设备单位价值在 500 元以上、专用设备单位价值在 800 元以上，使用期限在一年以上，并在使用过程中基本保持原有物质形态的资产。单位价值虽未达到规定标准，但耐用时间在一年以上的大批同类物资，作为固定资产管理。高等学校的固定资产一般分为六类：房屋和建筑物；专用设备；一般设备；文物和陈列品；图书；其他固定资产。高等学校应根据规定的固定资产标准，结合本校的具体情况，制定各类固定资产的明细目录。

第三十三条 高等学校固定资产的报废和转让，一般经单位负责人批准后核销。大型、精密、贵重的设备、仪器报废和转让，应当经过有关部门鉴定，报主管部门或国有资产管理部门、财政部门批准。固定资产的变价收入应当转入修购基金；但是，国家另有规定的除外。

第三十四条 高等学校应当定期或者不定期地对固定资产进行清查盘点。年度终了前，应当进行一次全面的清查盘点，做到账、卡、物相符。对固定资产的盘盈、盘亏应当按规定程序及时处理。高等学校应结合本校的实际情况，制定固定资产管理办法。

第三十五条 无形资产是指不具有实物形态而能为使用者提供某种权利的资产，包括专利权、商标权、著作权、土地使用权、非专利技术、商誉以及其他财产权利。高等学校转让无形资产，应当按照有关规定进行资产评估，取得的收入除国家另有规定外计入事业收入。高等学校取得无形资产而发生的支出，计入事业支出。

第三十六条 对外投资是指高等学校利用货币资金、实物、无形资产等向校办产业和其他单位的投资。高等学校对外投资，应当按照国家有关规定报主管部门、国有资产管理部门和财政部门批准或备案。高等学校以实物、无形资产对外投资的，应当按照国家有关规定进行资产评估。对校办产业投资取得的收益，计入附属单位上缴收入；对其他单位投资取得的收益，计入其他收入；国家另有规定者除外。

第九章 负债管理

第三十七条 负债是指高等学校所承担的能以货币计量，需要以资产或劳务偿还的债务。

第三十八条 高等学校的负债包括借入款、应付及暂存款、应缴款项、代管款项等。应缴款项包括高等学校收取的应当上缴财政纳入预算的资金和应当上缴财政专户的预算外资金、应缴税金以及其他按照国家有关规定应当上缴的款项。代管款项是指高等学校接受委托代为管理的各类款项。

第三十九条 高等学校应当对不同性质的负债分别管理，及时清理并按照规定办理结算，保证各项负债在规定期限内归还。

第十章　财务清算

第四十条　经国家有关部门批准，高等学校发生划转撤并时，应当进行财务清算。

第四十一条　高等学校财务清算，应当成立财务清算机构，在主管部门和财务部门、国有资产管理部门的监督指导下，对学校的财产、债权、债务等进行全面清理，编制财产目录和债权、债务清单，提出财产作价依据和债权、债务处理办法，做好国有资产的移交、接收、划转和管理工作，并妥善处理各项遗留问题。

第四十二条　划转撤并的高等学校财务清算结束后，经主管部门审核并报国有资产管理部门和财政部门批准，分别按照下列办法处理：

（一）因隶属关系改变，成建制划转的高等学校，其全部资产、债权、债务等无偿移交，并相应划转事业经费指标。

（二）撤销的高等学校，全部资产、债权、债务等由主管部门和财政部门核准处理。

（三）合并的高等学校，全部资产、债权、债务等移交接收单位或新组建单位。合并后多余的国有资产由主管部门和财政部门核准处理。

第十一章　财务报告和财务分析

第四十三条　财务报告是反映高等学校一定时期财务状况和事业发展成果的总结性书面文件。高等学校应当按照国家预算支出分类和管理权限定期向各有关主管部门和财政部门以及其他有关的报表使用者提供财务报告。

第四十四条　高等学校报送的年度财务报告包括资产负债表、收支情况表、专用基金变动情况表、有关附表及财务情况说明书。

第四十五条　财务情况说明书，主要说明高等学校收入及其支出、结余及其分配、资产负债变动、专用基金变动的情况，对本期或者下期财务状况发生重大影响的事项，以及需要说明的其他事项。

第四十六条　高等学校的财务分析是财务管理工作的重要组成部分。高等学校应当按照主管部门的规定和要求，根据学校财务管理的需要，定期编制财务分析报告。财务分析的内容包括高等学校事业发展和预算执行、资产使用管理、收入、支出和专用基金变动以及财务管理情况、存在主要问题和改进措施等。财务分析指标包括经费自给率、预算收支完成率、人员支出与公用支出分别占事业支出的比率、资产负债率、生均支出增减率等。

高等学校可以根据本校特点增加财务分析指标。

第十二章　财务监督

第四十七条　财务监督是贯彻国家财经法规以及学校财务规章制度，维护财经纪律的保证。高等学校必须接受国家有关部门的财务监督，并建立严密的内部监督制度。

第四十八条　高等学校的财务监督包括事前监督、事中监督和事后监督三种形式。学校可根据实际情况对不同的经济活动实行不同的监督方式。建立和健全各级经济责任制和建立健全财务主管人员离任审计制度是实施财务监督的主要内容。

第四十九条　高等学校的财会人员有权按《中华人民共和国会计法》及其他有关规定行使财务监督权。对违反国家财经法规的行为，有权提出意见并向上级主管部门和其他有关部门反映。

第十三章　附则

第五十条　国家对高等学校的基本建设投资的财务管理，按照国家有关规定办理。

第五十一条　独立核算的高等学校校办产业的财务管理执行《企业财务通则》和同行业或者相近行业企业的财务制度，不执行本制度。

第五十二条　各高等学校应根据本制度结合学校实际情况制定具体的财务管理办法，报主管部门备案。

第五十三条　本制度由财政部、国家教育委员会负责解释和修订。

第五十四条　本制度自 1997 年 1 月 1 日起施行。凡与本制度不一致的，以本制度为准。

第九章　北京市各区（县）教育投入情况

北京市共有 16 区 2 县，分别为东城区、西城区、宣武区、崇文区、海淀区、朝阳区、丰台区、石景山区、昌平区、大兴区、平谷区、怀柔区、房山区、门头沟区、通州区、顺义区、密云县以及延庆县。其中，在 1997 年，通县撤县设立为通州区，在 1998 年顺义县撤县设立为顺义区，在 1999 年昌平县撤县设立为昌平区，在 2001 年大兴县撤县设立为大兴区，在 2002 年平谷县和怀柔县都分别撤县设立为平谷区和怀柔区，并且在 2010 年北京市政府将崇文区和宣武区分别并入东城区和西城区。在教育投入上，北京市各区（县）都十分重视教育投入，通过加大教育投入以改善区内学校的办学条件，提高教育质量以保证教育的优质均衡发展。

为更好地了解北京市教育投入的情况，以下将结合相关事件和有关数据，分别对北京市各区（县）的教育投入情况进行梳理。资料来源于历年的《北京教育年鉴》中区（县）教育部分。

第一节　东城区

1996 年，东城区普教事业拨款超过 2 亿元，占全区财政年收入的 1/3。同时，市、区政府投资 1200 万元用于改善区内基础薄弱校的办学条件。

1997 年，东城区普教事业拨款 2.3 亿元，高于区财政经常性收入增长的比例；生均教育经费 2919 元以及生均公用经费 1005 元，都有所增长。并且，东城区教育局根据《东城区加强基础薄弱校建设规划》，对 6 所基础薄弱校兑现岗位津贴 32.12 万元，人均年增收 568.67 元。此外，东城区政府投资 700 多万元，为东城区中小学增添 26 台锅炉设备，全区 96 所中小学全部实现锅炉供暖，区内的办学条件得到了很大的改善。

1998 年，东城区普教事业拨款达到 21687.5 万元，高于区财政经常性收入增长 12% 的比例；生均事业经费（不含离退休费用和抵支收入）2041 元，比 1997

年增加 280 元，生均公用经费 819 元，比上年增加 119 元。

1999 年，东城区教育局事业费拨款（含离退休费用）为 29177.3 万元，高于区财政经常性收入 12% 的增长幅度；生均教育事业费支出 2477 元，比上年增加 436 元，生均公用经费 1027 元，比上年增加 205 元。

2005 年，东城区教委完成年度校园建设投资 16484.1 万元。其中，投资 1400 万元，用于 32 校土建维修、47 校防水工程、9 校翻建工程、37 校防汛抢险、47 校水电维修、1 校操场工程；投资 2214.1 万元，用于 7 校装修改造、教委机关危楼加固、1 校操场工程、1 校电力增容、15 校无障碍工程、110 校绿化、2 校供暖改造；投资 12870 万元，用于 6 校新建教学楼和 6 校基建加固工程。并且，完成年度设备购置投资 7651 万元。其中，国拨 6068.8 万元，自筹 1582.2 万元。在办学设备投资上,先后购置办公设备投资 1228.7 万元,专用设备投资 6239.2 万元，交通工具投资 125.2 万元以及图书资料投资 57.9 万元。

2010 年，崇文区（东城区）教委下拨减免补助资金 1152 万元，其中，为义务教育阶段家庭困难学生 1669 人免教科书费补助 23 万元，拨付义务教育阶段循环使用教科书补助 30 万元，拨付义务教育阶段 1075 人助学金等补助 34 万元，拨付义务教育阶段 17963 人免杂费补助 352 万元，拨付义务教育阶段 5794 人免借读费补助 334 万元；拨付普通高中 529 人甲乙等助学金及落实学费减免政策等补助 148 万元；拨付职业高中 1880 人国家助学金补助 164 万元，拨付职业高中 269 人免学费补助 56 万元及职业高中 55 人政府奖学金 11 万元。

第二节　西城区

1993 年，西城区教育局投入预算内经费 11053.31 万元，比上年多投入 2550.9 万元，提高了 30%，保证了教育经费的充足。

1994 年，西城区教育局预算内收入 18553.62 万元，其中区财政拨款 14871.96 万元，生均教育经费 1376.52 元，生均公用经费 267.32 元。

1995 年，西城区教育局预算收入 2388.9 万元，比 1994 年增加 5327.28 万元，增长 28.7%。其中区财政拨款 18828.91 万元，比 1994 年增加 3956.95 万元，增长 26.6%，高于同期区财政收入增长率 0.6 个百分点；生均教育经费 1768.89 元，比 1994 年增加 392.37 元，增长 28.5%；生均公用经费 383 .11 元，比 1994 年增加 115.79 元，增长率 43.3%，实现了“三个增长”。

1996 年，西城区教育经费市、区全年共拨 2.68 亿元，比上年增长 43.1%。

其中教育事业费 2.34 亿元，比上年增长 44.5%，教育附加费 2846.16 万元，比上年增长 42%。区财政全年拨入教育事业费 2.25 亿元，比上年增加 7023.86 万元，增长 45.37%，高于区财政收入增长 44% 的比例；教育附加 1650 万元，比上年增长 13%。全年教育事业费实际支出 2.72 亿元，比上年增长 30.2%。生均教育经费 2341.39 元，比上年增长 32.3%，生均公用经费 665.83 元，比上年增长 73.2%。实现了“三个增长”。

1997 年，西城区财政局下达教育事业费预算指标为 28650 万元，比上年增加 6244.5 万元，增长 27.5%，高于区财政经常性收入增长比例；生均教育经费 3198 元，比上年增加 879 元，增长 37.9%；生均公用经费 1253 元，比上年增加 593 元，增长 89.8%，达到《中华人民共和国教育法》（以下简称《教育法》）规定的“三个增长”。

1998 年，西城区普教系统预算收入 56866.18 万元，比上年增长 14.95%，高于区财政经常性收入增长的比例；生均教育经费 3584 元，比上年增加 500 元，增长 16.2%；生均公用经费 1629 元，比上年增加 90 元，增长 5.85%，达到《教育法》规定的“三个增长”。并且，西城区教育局为保证普九教育需要，对 1998 年度教育经费分配实行“四保证”和“二减轻”举措。“四保证”为：一保证普九教育需要，初中校教职工继续执行 1997 年制定的每人每月增加 50 元收入的政策；中学基础薄弱校和纯初中校及小学困难校公用经费定额增加 20%。二保证教学一线需要，加大公用经费投入，按照市颁定额标准的 2 ～ 3 倍下达；提高教师培训费标准，中小学分别提高 1 ～ 1.5 倍。三保证改革需要，安排 200 万元用于深化学校内部管理体制改革；投入 400 万元，建立学生配餐中心、劳动技术教育中心、软件中心和职业教育中心。“二减轻”为：一减轻小学、初中校和特教校负担，将这些学校教职工增加收入的自筹部分改为财政拨款；二减轻学校离退休经费负担，区教育局对离退休人员基本费用增加拨款。

1999 年，西城区财政教育事业费投入达到了 2.7 亿元，比上年增加 2315 万元，增长 9.2%，是历史上财政拨款最多的一年。按事业支出口径计算生均教育经费 4826 元，增长 34.7%；生均公用经费 2322 元，比上年增长 42.5%。并且，西城区全面落实增加教职工收入各项政策，教职工每人月收入平均增加 259 元。

2000 年，西城区提高公用经费定额标准。高中由上年每生每年 160 元提高到 240 元，初中由每生每年 200 元提高到 240 元，是市颁标准 65 元的 3.7 倍；小学生每生每年由 150 元提高到 200 元，是市颁标准 46.51 元的 4 倍多。此外，西城区对中小学体育场馆建设共投入 2260 万元。该项投资分别为 38 所学校建立中学生健体乐园等设施，为部分学校铺设塑胶跑道等，改善体育设备设施。其中，七中建成了设施齐全的体育场、综合体育馆、塑胶篮球场、旱冰场和健身中心。

2010 年，西城区进一步建立健全学生资助政策体系，进一步扩大义务教育阶段减免政策范围。全年教育减免、奖励资金 3008.7 万元，其中，义务教育阶段 2648.8 万元、普通高中 66.4 万元、职业高中 293.5 万元，且助学工程已涵盖全区（包含民办学校）中小学生。

第三节　宣武区

1995 年，宣武区财政对普教投入 10688 万元。在市、区政府的支持下，完成十五中、育才学校东部、半步桥小学的校舍改造工程，新建右内西街小学、十四中加层、宣师一附小综合楼竣工，全年总竣工面积为 4.5 万平方米。

1996 年，宣武区政府、区教育局继续加大对基础薄弱校投入，拨款 300 万元用于基础薄弱校教学设施、设备的建设。

2002 年，宣武区政府投资 1715 万元完成 40 所学校修缮工程。其中，中学修缮工程 17 项，小学修缮工程 17 项，幼儿园修缮工程 3 项，其他单位修缮工程 3 项。工程内容包括操场改扩建、线路改造、绿化美化、更新屋面防水。此外，宣武区教委采取措施扶助贫困生。其中，补助 1191 名特困生每人 400 元，总金额 47.64 万元,减免 120 名贫困学生（63 名小学生,57 名中学生）的学杂费,其中,减免中学生 130 元和减免小学生 80 元。

第四节　崇文区

1995 年，崇文区进行了校舍改扩建任务，完成了永定门学校教学楼、前门中学教学楼的改扩建任务，以及新建 90 中实验楼等，并对崇文门中学教学楼进行加层以及新建 104 中、176 中、178 中平房教室。全年投资 1250 万元，完成基本建设任务 20000 平方米，完成了 21 所学校零建任务 28.575 平方米，油漆粉刷 328 所学校校舍 10350 平方米，修漏 12249 平方米，并为汇文中学、90 中、96 中分校、一师附小、培新小学、局机关、向新西里宿舍更新锅炉 9 台。此外，全年修缮费支出 650 万元，投资 53 万元完成 5000 套净增学生课桌椅的配套，投资 217 万元对 90 中实验楼、汇文科技楼、崇文分院教学楼进行了重点装备，投资 190 余万元对实验中学进行了全面装备。

1996 年，崇文区教育局投资 562.3 万元进行学校基础设施建设，完成 114 中实验楼、一师附小教学楼扩建、定安里小学教学楼加层，增加 90 中、92 中、96 中、龙潭中学平房教室 7 项工程。此外，全年完成修缮投资 568 万元，基建修缮合计投资 1130.3 万元。在购置教学设备上，崇文区教育局投资 218.35 万元，为各学校购置教学仪器及药品 28.5 万元、电教设备 46 万元、课桌椅 55 万元、图书资料 13 万元、其他 75.85 万元。

1997 年，市政府和崇文区政府拨专项资金 723.2 万元，支持崇文区 10 所基础薄弱学校建设。崇文区教委从体改经费中拨出 50 万元用于提高基础薄弱校教职工结构工资，并拨专款用于薄弱校校长（书记）临时岗位津贴。

1999 年，崇文区教委投入 664 万元用于整治校园周边环境。并设立“慈善助学金”，该项助学金按月发放，每人每月 100 元，每学年审核一次，资助对象为下岗职工、贫困家庭中小学生或孤残子女。

2001 年，崇文区教委投资 1588.1 万元装备教学设备。其中 500 万元用于电教、教学仪器、音乐、体育、美术、卫生、办公文具、图书八大类设备，990 万元用于信息化建设，98.1 万元用于购置其他设备。

2003 年，崇文区教委投入 500 万元完成年度设备购置更新。设备更新包括课桌椅、音乐设备、实验室器材、体育设备、黑板、办公家具、卫生设备、美术设备、教学仪器和图书 10 个项目。

2004 年，崇文区教委投资 1339 万元完成校园建设。其中，投资 300 万元完成 6 所学校 15300 平方米操场整修；投资 430 万元完成 2 所学校教学楼装修、1 所学校配电增容、3 所学校厕所改造和 8 个锅炉房安装燃气报警装置；投资 70 万元完成 1 部电梯安装、3 所学校配电盘改造、部分学校活动护窗栏和疏散楼梯修建；投资 519 万元完成第五幼儿园楼房加固装修；投资 20 万元完成其他小型项目 8 个。在设备购置上，崇文区教委投资 480 万元，其中，82 万元用于实验室整体改造、34 万元用于教学仪器及药品、30.5 万元用于广播器材、42 万元用于办公家具、52 万元用于课桌椅、24 万元用于黑板改造、48.3 万元用于音乐教室改造、9.5 万元用于美术教室改造、29.5 万元用于体育器材、3.2 万元用于卫生设备、51 万元用于图书及设备。

2005 年，崇文区教委投入 2595 万元用于暑期校园基础建设。其中，投资 376 万元完成 5 所中小学校装修工程；投资 1133 万元完成 5 所学校（幼儿园）电器增容、装修工程；投资 40 万元完成部分学校装修改造工程；投资 186 万元完成 4 所小学操场改造工程招标；投资 860 万元完成 3 所小学装修、改造工程招标。

2007 年，崇文区教委完成收费减免及助学资助工作。全年共投入专项资金 712.5 万元用于落实中小学收费减免及国家助学资助政策。其中，投入 365.5 万元用于义务教育阶段“两免一补”及进城务工农民子女免收借读费补助；投入 152.5 万元用于普通高中减免资助；投入 194.5 万元用于中等职业学校政府奖学金及国家助学金补助。此外，崇文区教育系统投入 956.1 万元，完成 23 个学校修建工程。其中，13 个学校装修改造工程完成投资 733.6 万元，4 个学校操场改造工程完成投资 121 万元，5 个学校采暖管道工程完成投资 100.8 万元，1 个学校电气工程完成投资 0.7 万元。

2008 年，崇文区投资 2861.8 万元来改善学校办学条件。其中，36 所学校装修工程完成投资 1534.3 万元；9 所学校专业教室改造工程完成投资 551 万元；12 所中学通用技术教室改造工程完成投资 531.5 万元；全系统所有单位水、电、暖及房屋安全等保障工程完成投资 245 万元。

2009 年，崇文区教委投资 12344 万元用于改善幼儿园、中小学办学条件。其中，14 所小学改造工程完成投资 5166 万元；已开工在建的北京市第一师范附属小学新建工程完成投资 2792 万元；7 校操场改造工程 575 万元；40 余所学校装修工程 3488 万元；所属单位水、电、暖系统维护、维修及房屋安全保障工程 323 万元。此外，崇文区教委完成各项教育资助，共下拨减免补助资金 1148 万元。其中，用于义务教育阶段家庭困难学生 3237 人次免教科书费补助 25 万元，拨付义务教育阶段循环使用教科书补助资金 28 万元，为义务教育阶段 2190 人次发放助学金等补助 35 万元，拨付义务教育阶段 37096 人次免杂费补助 367 万元，用于义务教育阶段 10622 人次免借读费补助 313 万元；为普通高中 1071 人次落实高中甲乙等助学金及学费减免补助政策 149 万元；拨付 1880 名职高学生国家助学金补助资金 164 万元、55 名职高学生政府奖学金 11 万元，并为 269 名职高学生减免学费 56 万元。

第五节　海淀区

1995 年，海淀区教育事业实际总支出 29235 万元，比 1994 年增长 30.1%，其中，区财政拨款 22211.6 万元，市专项拨款 873.4 万元，学校自筹资金 6150 万元。并且完成投资 2.2 亿元，竣工项目 18 项，建筑面积 149142 平方米，其中曙光职教中心投资 1200 万元，新建 10000 平方米的教学大楼，为申报全国重点职业高中创造了条件。此外，设立了基础薄弱校和农村教育专项基金，专门用以改善学校办学条件，全年校办企业产值 43215 万元，利润 4055 万元，其中投入教育经费 2072 万元。

1996 年，海淀区教育事业费实际总投入 3.7 亿元，比上年增长 26.5%。其中区财政拨款 2.89 亿元，市专项拨款 525 万元，学校自筹资金 7625 万元。并且，基建竣工项目 18 项，总建筑面积 15.27 万平方米，完成投资 2.32 亿元。其中，投资 9862 万元改扩建中小学校舍工程 13 项，建筑面积 8.62 万平方米，投资 1.33 亿元新建、购买教师康居住宅 6.65 万平方米。全年校办企业产值 5.1 亿元，利润 4215 万元，补充教育经费 2460 万元。

1997 年，海淀区教育经费实际支出总额 45888.9 万元，比上年增长 23.8%，其中区财政拨款 34051.2 万元。年生均经费 2452 元，比上年增长 21.9%。校办企业 334 个，产值 2.91 亿元，利润总额 1935 万元，补助教育经费 1170 万元。此外，海淀区教委投资 2300 万元用于 16 所基础薄弱校建设，使 16 所基础薄弱校的教育教学设备均达一般标准，电教设备达到较高标准。

1998 年，海淀区教委投资 5517 万元对所属学校进行改扩建和维修。该项投资已完成竣工项目 20 项，建筑面积达到 8.63 万平方米，在建项目 11 项，工程前期准备项目 10 项。其中，对基础薄弱校投入 250 万元，竣工 6 项，面积达到 1.76 万平方米；对农村学校投资 1600 余万元进行维修，占总投资的 29%。

1999 年，海淀区共投资 1081 多万元为学校更新配备教学设施。其中，新增教学仪器 201857 件，首次达到中小学教学实验仪器一人一组；购买图书 81341 册；中小学增加乐器柜、仪器柜 1782 个，美术柜 102 个，美术课桌椅 5808 套；小学实验桌 2432 张，五线谱音乐黑板 88 块；为部分学校增班更新课桌椅 12668 套；为 5 所学校配备生物标本 565 件。

第六节　朝阳区

1997 年，朝阳区教育局拨专款 100 万元，为 95 所中学每校配备 46 套劳技课电子制作技术工具，改善了教学设备。

1998 年，朝阳区教委总投资 5607 万元用于基建维修。其中，基建投资 3857 万元，施工面积 3.83 万平方米，竣工面积 2.3 万平方米；维修投资 1750 万元，全区校舍占地面积 310 万平方米，建筑面积 156.64 万平方米。

2000 年，朝阳区教委投入 1226 万元用于改善中小学办学条件。主要包括完成教学仪器配置 70891 件（套），价值 218.5 万元（含 1999 年 129 万元），体育设备配置12887件（套），价值270.4万元；卫生设备配置367件（套），价值14.8万元；学生课桌椅更新、配置20980件（套），价值273万元；购置图书18万册，其中缺册补充400万元；装备语音教室5个44万元；第一批实验室建设95.35万元。此外，朝阳区教委投资2793万元用于校园环境建设和房屋维修工作。其中，投资512万元完成土建51273平方米，投资177万元完成249校的水暖维修，投资147万元完成145校的电力维修，投资125万元完成275台锅炉维修、茶炉维修275台，抢修及处理突发事件22校次。

2001年，朝阳区教委完成教学设备投入2898万元。其中，96万元购置教学仪器，调拨44768件；882万元购置教学设备，调拨165059件；1356万元购置计算机2387台；270万元购置图书207405册；195万元购置实验室设备432件；69万元为24所学校购置乐队乐器。此外，朝阳区教委完成基建修缮投资7169万元。其中基建投入3561万元，完成芳草地小学、定福庄中学、劲松三中、沙板庄小学、朝阳实验小学、三里屯二小教学楼工程，总建筑面积20740平方米（不含柳芳里教工住宅）；修缮投资3608万元，粉刷85所学校的教学楼88栋327778平方米、宿舍楼20栋，按照计划修缮145校，应急修缮800多校次，锅炉维修62校70台，茶浴炉更新13校15台，煤改气工程10校15台，绿化工程61校。

2007年，朝阳区教委投入3000万元用于校园改造工程，安装冲水、暖气、照明等设施。此外，共投资520万元改造37所初中校（含4所农村校）校园网，完成了初中校园网建设工程。该工程属于第二批初中校建设工程，改造后校园网达到北京市初中校园网建设标准。

2008年，朝阳区教委国有资产管理中心完成修缮工程投资34250万元。其中，教育教学用房土建维修85项，电气工程45项，水暖85项，防水工程42项，绿化工程8项，并完成各校387项自立工程的立项审批、质量监督、竣工验收、结算送审及资料整理工作。

2009年，朝阳区教委总投资2350万元用于校园工程建设，完成区内63所初中校达标建设学校修缮改造，共计38校42址；完成25所小学规范化达标建设工程（第二批）。此外，朝阳区教委投入1300万元资金，落实农村教师津贴制度，保证农村学校教师待遇。同时，投入100万元继续实施农村中小学教师能力提升培训工作。

第七节　丰台区

1993 年，市、丰台区政府共拨款 184.8 万元兴建和改建中小学校舍 14700 平方米，新接收统建小学 5 所、幼儿园 1 所，西罗园一中办公楼、南苑中学已完成前期准备工作。且由乡、村两级财政投资新建的石榴庄小学、纪家庙小学、白盆窑小学、葆台小学、靛厂小学已全部建成并投入使用。

1996 年，丰台区教育经费投入 13048.7 万元，比上年同期增加 2900 万元，增长 28.6%，且投入 800 万元改善基础薄弱校办学条件。

1997 年，在改善办学条件上，市、丰台区投入 2400 万元，南苑等 4 校基建项目全部竣工，黄土岗等 6 校基建正在进行。在教学设备、设施计划上已投入 223.4 万元，基础薄弱校阶段性建设目标实现。并且，丰台区教委共拨出款项 8 万余元用于资助学生，资助金额为每人 200 元，受资助学生达到 436 人。

1998 年，丰台区加大投入，乡、村两级政府投入 2600 余万元用于改扩建校舍，添置教学设备。

1999 年，丰台区教委投资 4505 万元改善办学条件。其中为 12 中校舍迁址工程投资 2000 万元，开工 6 个楼，初建规模达 3 万平方米；投资 150 万元为各高中校安装闭路电视或实物投影仪；对丰台八中等 5 所初中校和青塔等小学未达标设备进行重点投资 220 万元，添置实验室教学仪器和音体美、电教、医疗器械；为 13 所初中校投资 80 万元配备计算机；投资 55 万元为小屯、三路居等 7 所农村完小配备课桌椅、扶手椅、钢琴和体育器械。

2000 年，丰台区教委总投资 10738 万元，完成 7 项基建工程，竣工面积达到 53495 万平方米。

2001 年，丰台区教委完成校舍维修投资 2053 万元。其中，投资 1227 万元完成 34 所学校重点改造工程，总建筑面积 64086 平方米，投资 825.3 万元完成零修工程 16 所学校、屋面防水 25 所学校、电路改造 7 所学校、锅炉改造维修 5 所学校、宿舍维修 8 处。并且，丰台区教委完成基建投资 1600 万元，完成设备投资 1465 万元。其中，投资 200 万元完成 15 校计算机房建设和升级改造；投资 235 万元完成 9 校实验室改造；投资 265 万元为 29 校安装多媒体教室和双向闭路电视系统；投资 500 万元为 50 校学生更换身高与桌椅配套的新型桌椅 9300 套；投资 35 万元为 9 校解决黑板老化问题；投资 30 万元为 48 校配备图书馆管理软件和财务管理软件；投资 110 万元为 60 校添置体育器材和音美设备；投资 90 万元改造部分学校茶（浴）炉和食堂灶具。

2002 年，丰台区教委完成两项基建工程。其中，云岗中学教学楼建筑面积 12054 平方米，总投资 3000 万元，丰台实验学校教学楼新建工程建筑面积 3857 平方米，总投资 800 万元。

2003 年，丰台区教委总投资 900 万元，完成北京市 10 中校舍改造工程。该工程建筑面积 20883 平方米，包括新建 6 间专业教室、2 间实验室，完成 3 栋教学楼装修。此外，丰台区教委总投资 1215 万元，完成重点校舍维修改造工程。该工程包括 12 所学校重点维修改造，维修总面积 59400 平方米。

2005 年，丰台区教委完成教学设备投入 2863.61 万元。其中，投资 150 万元配备 44 所中小学校 300 台计算机；投资 103.41 万元安装 55 所中学、92 所小学 162 台数据服务器；投资 231.2 万元配备 34 所农村完小电子备课室；投资 323 万元完成 90 所小学和 44 所中学图书购买，10 所中学和 50 所小学绿色磁性黑板购买；投资 2056 万元安装学校、幼儿园技术防范监控系统、更新和改造教育教学设备、消防设施。

2010 年，丰台区完成学校抗震加固工程年度工作，工程涉及 27 个校区 29 栋教学楼，总投资 773.29 万元完成信息系统拆装与恢复工程。此外，丰台区继续开展教育研究资助工作，依据《丰台区教育研究资助计划管理办法》，结合 2010 年丰台区中学教学管理绩效评价工作，资助 341.8 万元，确定 13 所学校为 2010 年教育研究资助计划 A 类资助初中校，16 所学校为 B 类资助初中校，7 所学校为 C 类资助初中校；5 所学校为 A 类资助高中校，4 所学校为 B 类资助高中校，3 所学校为 C 类资助高中校。

第八节　石景山区

1997 年，石景山区政府、区教育局投资 399.2 万元改善基础薄弱校办学条件，使 5 所基础薄弱校的教学设备达到市教委规定的一般标准。此外，区教育局下拨 2 万元用于基础薄弱校外聘教师所需经费，并为在校工作教师每人每月补助 30 元用于鼓励他们钻研教育教学。

1998 年，石景山区对 5 所基础薄弱校的建设投资已达 614.59 万元，修缮校舍近 8000 平方米，修整操场 6100 平方米，增加绿地 400 平方米，使基础薄弱校办学条件达到市教委规定的一般标准。此外，投入的专项资金还包括按每人每月 30 元标准来提高教师的结构工资，且每年拨 10 万元用于外聘教师和组织教师外出学习培训经费。

2001年，石景山区教育局实现了“五四一”学校设备建设目标。自1998年，石景山区政府分3年拨款610万元投入该项工作，其中投资246.88万元为学校购置办公设备13562件，投资62.13万元购置体育器材1556件，投资67.22万元购置音乐、电教器材，投资16.73万元购置教学仪器1123件，投资217.29万元购置图书168114册。并且，石景山区投资190万元建设教育网络工程。其中，投资49万元为各中小学配备方正奥思教育快车软件及视星编辑系统，统一中小学教学软件开发平台；投资114万元建设36所学校电子备课室；投资28万元统一规格和标准建设3所学校校园网。

2002年，石景山区教委投资145万元完成危房改造。其中，投资125万元更换古城中学初中部、金顶山中学教学楼加气楼板；投资20万元翻建刘娘府小学和五里沱中学平房宿舍。并且，石景山区教委投入1000万元改善部分学校办学条件，相继完成电厂路小学、广宁村小学、师范附小、炮厂小学、八大处中学5个单位大门改造；完成金顶山中学、永乐二中、八角北路小学、实验幼儿园、八角幼儿园、区二幼6所学校综合维修工作；完成实验小学、八角北路小学、高井中学、玉泉路教工楼、高井中学教工楼、金顶街教工楼、古城南路36栋楼、九中教工楼8个单位楼房的外墙粉刷；加高、加固广宁村小学、炮厂小学、五里沱小学、金顶街四小围墙；完成教育分院、永乐二中、房管所、保健所、苹果园三小、师范附小、老古城小学暖气改造以及石景山中学、鲁谷小学厕所改造。

2004年,石景山区教委中小学操场改造工程竣工。该工程依据《体育法》《招投标法》《建筑法》，该工程总投资8000万元，从2002年开始建设，按照4期分步实施，改造了54所操场，总面积达到27万平方米。

第九节　昌平区

1996年，昌平县财政拨普教经费8338万元，县乡村及社会筹资3712万元，校办企业补充教育经费699万元。在改善办学条件上，迁建4校，新建校舍19700平方米，抢修危房1350平方米以及30所有住宿生的学校改为暖气供暖。并且，在教学设备上投资374万元。

1997年，昌平区投资878万元，使得昌平镇介山小区教工宿舍楼竣工，解决了90户教师住房困难。

1998年，昌平县共投资1226万元改造中小学校舍。其中，市、县、镇投资116万元，抢修危房2324平方米；市、县、镇、村投资1110万元，用于中小学校舍设施维修和改造，包括投资 812 万元完成翻建、扩建校舍 14658 平方米；投资 298 万元对沙河、马池口、小汤山、百善、大东流等中学及城区镇东关小学进行校舍整体改造，完成面积 5084 平方米。

2000 年，昌平区推进山区中小学工程建设。市拨专款 380.6 万元，区、镇、村三级补充投入 398.6 万元，超额实现配比投入，全年共有 3 所中学、4 所中心校和 2 所完小达到验收标准。并且，在基建工程上共投资 3250 万元，完成 4 项基建工程，完成建筑面积 23265 平方米。此外，昌平区投入补助资金 728 万元，完成修缮面积 68633 平方米。

2002 年，昌平区教委抢修存在安全隐患校舍，共维修 21 所学校 4000 平方米危房，下拨危房抢修款 170 万元；投资 4139 万元竣工 5 项基建工程，分别为昌平一中、昌平二中、前锋学校、流村中学实验楼和沙河中学。

2004 年，昌平区教委完成维修投资 632.75 万元。其中，投资 143.5 万元完成 17 所学校房屋翻建修缮，建筑面积 3700 平方米；投资 175 万元完成 18 所学校锅炉供暖改造；投资 199.75 万元完成 21 所中小学危、低电线路改造；投资 114.5 万元完成全区 11 所中小学饮水设备改造。

2007 年，昌平区教委完成年度学校修缮改造任务。其中，投资 72 万元挑顶和翻建 7 所学校危险隐患房屋，总面积 1160 平方米；投资 126 万元完成 17 所学校屋顶防水改造，总面积 26860 平方米；投资 2214.3 万元完成 10 所学校暑期综合修缮，总面积 46715 平方米；投资 9850 万元改造铺设塑胶操场 25 块；投资 280 万元改造 10 所中小学旱厕；投资 30 万元改造 14 所学校无障碍设施。

2008 年，昌平区教委落实已批流动人口子女学校取暖补助及免除杂费政策，对 16 所已审批流动人口子女学校补助金额 37 万元，免除 24 所民办中小学校学生杂费，向 24 所民办中小学发放免杂费补贴 120.1 万元，两项补助共计 157.1 万元。

第十节　大兴区

1993 年，大兴县拨款 120 万元实施九年制义务教育达标，并且优先解决了优秀教师的职称、住房等问题。

1996 年，大兴县落实教育专项款 1569.9 万元，其中，市拨专项资金 939.9 万元，县教育费附加 230 万元，县拨基建费 400 万元，完成了年度基建修缮任务。

1997 年，大兴区共投资 1947.5 万元用于普教系统基建任务，包括新建平房 259 间、翻改建平房 170 间等。并且，在改善教学设备上投资 952 万元，使 2 所中学、

1所小学办学条件达到较高标准，5所中学、9所中心校、17所完小达到了一般标准。

1998年，大兴县供电局投资15万元，为长子营乡、青云店镇、垡上乡3所小学进行危险电路改造，并为堡上中心小学所有教室安装日光灯，完成校舍维修改建5万余平方米。

1999年，大兴县教育局投资3920万元修建校舍和职工住宅。其中，投资2050万元，抢修危房145间2778平方米，新建各类教学用房365间10491平方米，翻建461间10598平方米，挑顶134间2552平方米，其他土建工程及综合维修29143平方米；投资470万元完成新教师进修学校综合楼建设4367平方米；投资1400万元完成3栋教师住宅楼及其附属设施建设14160平方米。

2000年，大兴县投入54万元为学校购置卫生设备。其中，投入50万元为86所中小学配齐35种常备卫生仪器设备；投入3万余元为183所完小、村小配备卫生箱。此外，大兴县修缮投资2284万元，完成中小学校舍修缮计划。新建校舍12708平方米，翻建校舍10934平方米，挑顶4440平方米，修危房1580平方米，修电路7校，换钢窗2140平方米，地面硬化20458平方米，其他综合维修19124平方米。

2004年，大兴区教委完成农村学校基本建设投资。该投资由市、县、镇三级政府共同筹措，总计3867万元，面向15所农村基础薄弱中小学，支持学校校园地面硬化、美化和绿化，并购置部分教学设备。

2008年，大兴区教委推进中小学布局调整，改善学校办学条件。其中，兴达中学操场、礼贤民族中学宿舍楼、长子营中小学、大兴三小教学楼等重点工程相继竣工并投入使用；大兴少年宫新宫建成投入使用；全区59所农村中小学改造安装防雷设施，9所学校新楼配备2679万元相关教学设施。

第十一节　平谷区

1996年，平谷县教育局投资3158万元用于改善办学条件。其中，基建投资2450万元，完成平谷五中教学楼3950平方米、第一职业高中实验楼5000平方米、平谷六小、老泉口、东双营3所小学教学楼6890平方米，完成教工住宅楼4栋22470平方米，局机关办公楼装修工程4658平方米；修缮投资550万元，新建、翻建、改建、迁建平房831间；教学设备投资75万元，更新课桌椅4500套，添置仪器柜640个、实验桌650个、演示台400个、投影仪495个、其他教学用具15000件；幼儿园投资83万元，购买大中型玩具18套，各类教学用具4500件，新建、翻建平房 152 间。

1997 年，平谷县普教系统全年教育总投入 1.02 亿元，其中基建投入 1282 万元，修缮投入 720 万元，设备投入 754 万元，完成平谷中学、第六小学、第一职业高中等 7 所学校的楼房基建工程 2.8 万平方米；新建、改建、翻建、迁建平房 601 间，挑顶、揭瓦 775 间，抢修危房 156 间，建围墙 2500 米；购置课桌椅 3800 套，办公桌、仪器柜等 3000 余件，投影设 200 套，彩电和录像机各 30 台，录音机 506 台，各种教学仪器 30 余万件，图书近 6 万册。

1998 年，平谷县在教学设备上投入 420 万元来改善中小学办学条件，并且在中小学修缮、基建上总投资 1140 万元。其中修缮投资 540 万元，新建、翻建平房 541 间，挑顶 69 间，揭瓦 187 间，吊顶棚、打地面 265 间，建围墙 1028 米，修甬路 9561 平方米，修下水道、自来水管道 1598 米，建校门 2 座，电路检修 13 校；基建投资 600 万元，完成平谷五中宿舍楼 2205 平方米，黄松峪中学教学楼 2300 平方米，园田队小学教学楼 2733 平方米，王各庄小学教学楼 1500 平方米，平谷六小阶梯教室 394 平方米，第二进修学校阶梯教室 472 平方米。

2000 年，平谷县教育局完成暑期中小学建设投资 3068 万元。其中，县、乡、村三级政府共投资 1680 万元，新建第三中学实验楼 2789 平方米、第六中学实验楼 2700 平方米、上营小学教学楼 1350 平方米、第一小学综合楼 4300 平方米，新建、翻建平房教室 800 间，建围墙 2954 米，电路抢修 29 校，建校门 20 座，铺甬路 34644 平方米，楼房铺油 10273 平方米；投资 1388 万元，购置课桌椅 6000 套、各类教学用具 10.3 万件。

2002 年，平谷区教委完成基建设备投资共 5116 万元，包括平谷六中教学楼基础建设工程投资 800 万元，投资 490 万元新建平谷一职高中宿舍楼，投资 800 万元用于平谷二职高中综合楼主体工程等。

2007 年，平谷区教委投资 2298.5 万元完成暑期修缮工作，共翻建危旧房屋 254 间，挑顶房屋 113 间，23 所学校做屋面彩钢和 SBS 防水 19450 平方米，14 所学校更换塑钢门窗 9540 平方米，26 所学校进行水电暖改造，8 栋教学楼进行了综合维修。

第十二节　怀柔区

1996 年，怀柔县财政拨教育经费 7914 万元，比上年的 5501 万元增长 43%，超过县财政收入增长的比例；教育经费支出 7854 万元，比上年的 5996 万元增长

31%，超过县财政支出增长 25% 的比例；生均教育经费 1745 元，比上年的 1224 元增长 43%。此外，怀柔县教育局用于学校基建和修缮投资共 1596 万元，其中，基建投资 350 万元，建怀柔五中办公楼、实验楼共 5000 平方米；修缮总投资 1148 万元，修缮面积 17338 平方米，其中抢修危房 414 间，面积 8050 平方米；投资 98 万元为寄宿制学校安装维修供暖、洗澡设施。

1997 年，怀柔县财政拨教育经费 8930 万元，比上年增长 12.8%，超过县财政收入增长 11.9% 的比例；教育经费支出 9767 万元，比上年增长 24.4%；生均教育经费和生均公用经费分别为 2089 元和 662 元，分别比上年增长 19.7% 和 23%。在改善中小学办学条件上，怀柔县投资 1312 万元，其中市县投资 810 万元，乡镇投资 152 万元，村级投资 98 万元，社会团体支援希望工程 145 万元，学校自筹 107 万元。包括修缮、改建校舍 37879 平方米，共 717 间房屋；购置锅炉 2 台，土暖气炉 8 台；维修供暖管道 2978 米，电路 9450 米。在基建工程上总投资 437 万元，使得该县中小学 4 项基建工程竣工，总建筑面积 4221 平方米。

1998 年，怀柔县财政拨教育经费 1.01 亿元，比上年增长 13.1%，比县财政经常性收入增长比例高 0.3 个百分点；教育经费支出 1.01 亿元，比上年增长 3.4%；生均教育经费和生均公用经费分别为 2207 元和 1900 元，分别比上年增长 5.6% 和 187%。

2000 年，怀柔县教育经费财政拨款 15065 万元，比上年增长 25%，比县财政经常性收入增长比例高 6 个百分点。教育经费支出 18121 万元，比上年增长 19%；生均教育经费 4155 元，生均公用经费 1789 元，分别比上年增长 22% 和 41%。

2001 年，怀柔县教育经费财政拨款 18679 万元，比上年增长 24%，比县财政经常性收入增长比例高 14 个百分点。教育经费支出 18679 万元，比上年增长 28%；生均教育经费 4441 元，生均公用经费 2164 元，分别比上年增长 28% 和 53%。

2002 年，怀柔区教委资助贫困学生完成学业。全年下拨资助款 6 万元，资助学生 154 人。该区 1997 年开始从人民教育基金中拨付一定金额资助家庭贫困学生。至本年 10 月，累计支付 36 万元，资助近千人。此外，怀柔区教委完成修缮总投资 958 万元。其中危旧房屋改造 290 间，建筑面积 5800 平方米；改造 15 所学校电器线路。在改善办学条件上，怀柔区共投入 600 多万元，用于各乡镇学校危旧房改造、电气线路改造、扩建学生宿舍和师生食堂、供暖改造、楼房综合维修及硬化校园地面，使得学校的办学条件得到了很大程度的改善。

2004 年，怀柔区教委完成暑期从建维修工程。该区投资 400 万元修缮学校，做防水 16283 平方米，改造、修整房屋 306 间及 13 所学校供电线路；投资 480 万元，为 26 所学校修建浴室 800 平方米，改造装修洗浴室 700 平方米。

2010 年，怀柔区教委投资 8315.2 万元，完成中小学校舍加固工程。该工程根据全区中小学校舍抗震安全排查及鉴定结果实施，涉及全区 18 所学校和 36 个单体建筑，总建筑面积达到 64936 平方米。

第十三节　房山区

1993 年，房山区政府为义务教育缺项补齐工作及原工农区河北、佛子庄、南窖三个乡镇基本达标共投入资金 1100 多万元，新建楼房 26 栋，教室 18 个，专用教室 71 个，扩建操场 9 万平方米，增置桌椅 10767 套，购置图书 187 万册，配备教学仪器 25 万件。

1995 年，房山区委、区政府总投入资金 5300 多万元，加大学校危旧房改造工作力度，全区共完成 62 所学校的改造任务，总面积 7.37 万平方米。

1996 年，朝阳区教育经费财政投入 3.4 亿元，比上年增长 39.22%，其中市投入 1172 万元，比上年增长 13.12%，校办企业补助教育经费 1912 万元，比上年增长 30.6%。并且，朝阳区教育局投入 1080 万元改善基础薄弱校办学条件。

1997 年，房山区用于普教事业财政拨款 1.2 亿元，比上年增长 23.2%，小学生均教育事业费 695 元，比上年增加 80 元，增长 12%；初中生均教育事业费 1227 元，比上年增加 100 元，增长 8%。在改善办学条件上，房山区教委共投资 2714 万元，其中投资 1490.5 万元用于 36 所中小学改造工程，改造总面积为 2.15 万平方米，其中小学 1.5 万平方米，中学 0.63 万平方米。投资 308 万元为学校购置教学仪器设备 1.4 万套（件），课桌椅 1.2 万套，交通工具 16 台。

1998 年，房山区中小学消灭危旧房任务全部完成。从 1995 年开始，房山区共投资 11074.7 万元对全区 149 所中小学进行了危旧房改造。

1999 年，房山区投资 1240 万元改善山区中小学办学条件。其中，5 所中学、4 所小学校舍建设和改造投资 898.5 万元，建设和改造面积 9906 平方米，新打机井 3 眼，安装锅炉 5 台；投资 216.74 万元为中小学共添置各种教学设备、仪器等 14397 件（套）；购置图书 17.39 万册。此外，房山区财政局为山区中小学拨专款 56 万元，发放贫困生助学金和住宿生伙食补助。全年为 683 名贫困生发放助学金 91.4 万元，为 1072 名住宿生发放伙食补助 468.6 万元。

2000 年，房山区教育局完成山区学校建设工程。该工程涉及 21 所山区学校，共维修和改造校舍 19313 平方米，新建专用教室 13 个，学生餐厅 1 个，增添教学仪器设备 8269 件（套）、办公和寄宿生活设施 3034 件（套）、图书 66171 套（册）；为 695 名贫困学生和 1432 名寄宿生发放助学金和伙食补贴 529 万元；投入建设资金 1322.09 万元，其中市拨专款 597 万元，区、乡配套资金 725.09 万元。

2003 年，房山区乡镇教育事业投入继续增加，该区 21 个乡镇完成教育事业发展投入 7893.32 万元，比上年增加 3779.12 万元，增长 91.9%。其中，8 个乡镇年投入达到 500 万元以上。此外，房山区教委完成山区教育建设投资 1 亿元。其中，投资 909 万元建设 9740 平方米专用教室，解决 7 所中学专用教室缺乏问题；投资 328 万元，改造 22 所中小学危旧电路 38290 米；投资 770 万元抢修山区中小学危房 9163 平方米；投资 7445 万元改造 45 所学校校舍 71381 平方米；投资 3212 万元新建校舍 27917 平方米；投资 208.8 万元配置教学设备 2165 件套。

2004 年，房山区教委投资 1.5 亿元，完成了办学条件改善的任务。改善工作包括完成良乡附中、良乡二中教学楼，房山中学宿舍楼、多功能厅、大门，良乡二职宿舍楼以及行宫园学校操场改造工程，建筑面积共计 221408 平方米，包括新建面积 72149 平方米，改造面积 149259 平方米，同时完成 15 所山区寄宿制学校餐厅、浴室、厕所改造和 10 所办学条件困难学校的改造工程。

2007 年，房山区教育投入 2.07 亿元，完成良乡中学、琉璃河中学、行宫园学校、下滩小学等 25 所中小学新建和改造任务；完成房山中学、良乡中学等 48 所学校旱厕改造工程；完成专用教室维修及改造 7 万平方米，配置教学仪器设备 34.3 万件套。此外，房山区投入 3500 万元用于减轻农民子女就学负担。包括投资 2700 万元免除全区义务教育阶段学生杂费、为农村户籍学生免除教科书费，为寄宿学生发放伙食补助，受益学生达到 60971 人；投入 800 万元继续落实山区搬迁中学生“三免两补”政策；投资 210 万元为 38 所寄宿制学校配建卫生室。其中，基础建设投资 50 万元，使得卫生室全部实现药房、诊室、治疗室、处置室“四室分开”，改变了过去医疗卫生条件差的状况；设备投资 160 万元，为每个卫生室添置 1 套适合学校使用的医疗设备。

2008 年，房山区大力推进初中学校标准化建设，硬件投入资金共计 5.98 亿元。其中乡镇投资 1.14 亿元，新建和改造初中学校 34 所，维修及改造面积 34.59 万平方米，购置仪器设备 639727 件套。

2010 年，房山区中小学抗震加固工程基本完工。本年校舍加固工程共涉及 33 所学校、56 栋建筑，建筑面积 11.4 万平方米。在进行校舍抗震加固的同时实施标准化建设，捆绑后两项工程共投入资金 13.5 亿元，比分别实施节约 4.09 亿元，使校舍达到市颁办学条件标准。并且，房山区教委投资近 600 万元，为学校新建医务室 72 个，并为 79 所中小学建设洗手池及消毒设施，改善了学校医疗卫生环境。

第十四节　门头沟区

1996 年，门头沟区教委投资 3898 万元改善全区办学条件。其中投资 1950 万元完成近 1.3 万平方米职教中心和育园中学改造工程；完成 3336 平方米城子小学改造工程；投资 110 万元完成寄宿学校供暖改造工程；投资 238 万元完成大峪中学教学设备更新、计算机培训中心和劳动基地建设，大峪一小闭路电视安装等；投资 1600 万元兴建的教工住宅楼竣工，230 户教职工迁入新居。

1997 年，门头沟区教委用于改善办学条件资金超过了 500 万。其中，年初投资 11 万元为职教中心校安装一套 48 座语言教学设备；投资 21.8 万元为大峪中学安装一套由 27 台“586”计算机组成的多媒体教学网络系统；投资 18.04 万元为育园中学装备一个 24 台“486”和 1 台“586”的计算机教室；投资 17.6 万元为 10 所中学配备长空 310DZ2 型英文打字机 250 台；投资 170 万元建成河滩学校综合楼，建筑面积 1741 平方米，设实验室、专用教室和普通教室各 4 个；投资 250 万元建成城子小学综合楼，建筑面积 2700 平方米，内设 20 个普通教室和 4 个专用教室；投资 40 万元完成西辛房中学教学楼 530 平方米的建筑工程。

1998 年，门头沟区教委发放首批人民助学金和住宿生伙食补助费，共计 43.4 万元。其中为 954 名贫困生发放助学金 22.7 万元，为 1209 名贫困住宿生发放伙食补助津贴 20.6 万元。并且，总投资 526 万元，完成了门头沟区 3 所学校 5000 多平方米基建工程的竣工。此外，门头沟区教委投资 40 万元对基础薄弱校七棵树中学进行教学楼内外装修等；投资 33.6 万元为 13 所完小添置彩电、录像机等，其中 12 校达到验收标准；投资 42.5 万元为标准化学校坡头中学、永定中学增添设备达到验收标准。

1999 年，门头沟区完成年度山区中小学建设实施计划。山区撤销 3 所小学，撤并 2 个中学班。投入建设经费 953.6 万元，其中市拨专款 476.39 万元，区配套资金 477.21 万元；投入 78 万元为学生宿舍配备生活用品，改善食堂设备和卫生条件；且发放助学金和伙食补贴 42.47 万元。在改善办学条件上，使 12 所学校达标，其中，达到一般标准 3 所，基本标准 9 所。

2000 年，门头沟区累计投入基建资金 5463.7 万元，新建、改建和扩建校舍

56482 平方米，完成职教中心校、育园高中、城子小学等 16 所中小学校舍改造。并且，投资 880 万元用于添置仪器设备，增加学校实验室、电化教室配置，高标准配备中学劳技课活动设备，完成了本区计算机网络建设。

2001 年，门头沟区教委完成现代信息技术教育建设投入资金 1073.9 万元。其中，投入资金 273.9 万元为中小学配备计算机 454 台，在 30 所学校建立计算机备课室；投入资金 450 万元建设 10 所学校的校园网；投入资金 350 万元建成中小学信息技术传播中心。

2002 年，门头沟区教委完成教学设备配备工作。其中，布局调整价值 150 万元的学校物资设备和其他学校闲置设备调配；投入 30 万元增加劳技课设备调配，补充实验室教学用品；投入 495 万元建成校园网 11 个；投入 25 万元添置课桌椅 2300 套。此外，门头沟区教委资助贫困学生学习，该区免收义务教育阶段杂费 162 万元,减收非北京户口学生借读费 123 万元。区政府每学期投入 60 万元，用于贫困学生助学金和山区寄宿制学校学生的伙食补助。

2007 年，门头沟区教委完成当年设备购置。其中，中小学办学条件达标投资 2974.79 万元，购置设备理科 20100 件套、文科 3725 件套、艺术科 6880 件套、体育与健康卫生 21544 件套、实践活动类 6086 件套、现代教育类 5994 件套、图书 48629 册以及教学家具 4804 件套。并且，在示范村校建设上投资 70 万元，中等职业学校计算机教室、网络资源教室整体改造和培训基地补充设备投资 700 万元,基层单位计算机设备购置投资 500 万元,23 个单位技防监控设备投资 102 万元，投资 120 万元更换 20141 个灯具，投资 142.44 万元为中小学安装 172 台温开水器等。此外，门头沟区教委投入 889.1 万元增加教职工补贴，提高教师待遇。区级骨干教师津贴由每人每月 200 元增加到 400 元，市级骨干教师津贴由每人每月 300 元增加到 500 元，市级学科教学带头人津贴由每人每月 40 元增加到 600 元；提高山区教师岗位补贴标准，深山区每人每月 400 元，山区每人每月 200 元以及浅山区每人每月 100 元；提高全区教师岗位补贴标准每人每月 100 元。

2008 年，在改善学校办学条件上，门头沟区解决学生饮用水问题，为 37 所学校安装 199 台温开水器；投入 797 万元对部分农村寄宿学校的食堂、浴室和活动室共 3673.5 平方米进行改造，购置相关设备 2888 件，共配备 15 部生活用车，改善农村寄宿制中学生生活条件；落实学校的操场和厕所改造工程，投资 2767 万元，改造 8 所学校操场和 10 所学校 11 个厕所；落实改造资金 1637 万元用于危房危电改造工程，40 所学校新做防水 18038 平方米，更换门窗 1553 平方米，4 所学校完成危电改造。此外，门头沟区教委落实“两免一补”工作，保证每个学生都能享有公平接受良好教育的权利。全区共有 11640 名中小学生享受书费补贴 185 万元，786 名学生获得助学补助 113 万元，705 名寄宿生分享伙食补贴 70.5 万元。另外，增加对高中阶段贫困学生的帮扶力度，向 905 名学生发放助学金和伙食补助 136 万元。

2010 年，门头沟区启动 2010 年校舍安居工程。本年度工程总投资 1.56 亿元，涉及 19 所学校 33 栋校舍，施工面积达到 341427 平方米，其中抗震加固总面积 60289.2 平方米。

第十五节　通州区

1996 年，通县财政用于普教事业经费 8246.79 万元，比上年的 7486.2 元增加 760.59 万元，增长 10.16%；生均教育经费 774.83 元，比上年的 762.42 元增加 12.41 元，增长 1.63%。

1997 年，通州区各乡镇党委、政府共投资 3811.4 万元用于改善办学条件，新建改建小学 7 所，建教学楼 5 座，新建平房教室 148 间，翻修校舍 702 间，解决教师住房 265 户，修学校甬路 3480 平方米，建院墙 1104 米，建标准操场 2 个，建学校门楼 3 座，维修教学楼 3 座，建语音室 3 个、计算机房 3 个、液化气自管站 1 个，购置课桌椅 1360 套，添置图书 8000 册、摄像机 2 台、彩电 10 台、钢琴 2 架及投影仪、录音机等教学仪器设备。

1998 年，通州区胡各庄乡党委、政府投资 70 万元改善办学条件，为 7 所学校安装程控电话，新建 31 间教室，整修危旧房 46 间以及购置课桌椅 200 套。

2001 年，通州区教委完成现代化教育技术建设投资 500 万元。其中，投资 100 万元建成运河中学校园网，投资 400 万元建成中小学信息技术教育传播中心。该区中心小学以上学校全部实现配有电化教学专用教室，每间教室配有录音机和投影仪，全区拥有闭路电视系统 10 个，多媒体、多功能教室 30 个。中学建有计算机教室 51 个，配备计算机 1839 台，平均每 22 名学生 1 台，为小学配备计算机 1463 台，平均每 32 名学生 1 台。此外，通州区普教系统完成基建投资 9080 万元，比上年增长 133.6%。该项资金包括区拨款 3594.64 万元、乡镇拨款 2015.19 万元、村拨款 82.97 万元、学校自筹 3303.87 万元、工料拨款 82.8 万元等。新建楼房 12 栋 18203 平方米，新建翻建平房 843 间 7338 平方米，建校门 10 个，砌围墙 4185 平方米，吊顶 218 间，楼顶防水 7642 平方米，更换门窗 5376 平方米，修建甬路 37113 平方米。

2008 年，通州区教委利用市拨 550 万元专项资金，改善马驹桥镇中心幼儿园、永顺镇中心幼儿园、漷县镇中心幼儿园、徐辛庄幼儿园、牛堡屯幼儿园办园条件。每园投入 110 万元，主要用于改建室内活动场所、卧室、盥洗室、厕所、衣帽间、玩具储藏室及厨房等。

2009 年，通州区教委总计投入资金 1215.92 万元实施“两免一补”工作，其中免除教科书费 63887 人，共计 1042.84 万元；免住宿费 1433 人，共计 75.95 万元；伙食和学习补助 3132 人，共计 97.14 万元。

第十六节 顺义区

1995 年，顺义县教育局拨款 35 万元，为县电教馆装备一个计算机教室和两个语言实验室。并且，县教育局再次拨款 60 万元，为全县中小学购置“校长办公系统”。

1996 年，顺义县普教事业费总投入 10065.3 万元，比上年的 7808.5 万元增长 28.9%，超过县财政收入增长比例；生均教育事业费支出 943 元，比上年的 775 元增长 21.7%；生均公用事业费支出 238 元，比上年的 186 元增长 28%。在改善办学条件上，顺义县教育局共投资 6582.8 万元。其中，基建项目总投入 3695 万元，总建筑面积 38050 平方米；修缮总投入 1486 万元，抢修危房 1703 平方米，楼房综合维护 41371 平方米，翻建改建校舍 5142 平方米等；设备购置费 1401.8 万元。此外，顺义县电教基础设施总投资近 500 万元，使 46 所完小办学条件有不同程度改善，其中 20 所完小实现楼房化，8 所完小平房重新翻建。县政府为新建校舍的完小投入指导性资金 560 万元，设备奖励资金 46 万元，各乡镇、学校为改善完小办学条件投入资金 4000 万元。

1997 年，顺义县教育局投资 3600 万元改善办学条件。其中，基建项目总投入 1620 万元，总建筑面积 19400 平方米；修缮总投入 1196.5 万元，抢修危房 2101 平方米，翻建改建校舍 2101 平方米；设备购置费投入 784 万元，比上年增长 93%。

1998 年，顺义区教育局共投资 6620 万元改善办学条件，其中，基建项目总投入 2888 万元，总建筑面积 33572 平方米；修缮总投入 1912 万元，抢修危房 2443 平方米，楼房综合维护 96110 平方米，翻建、改建校舍 5536 平方米；设备购置费 1820 万元。并且，顺义区陆续为家庭经济困难中小学生 597 人减免学杂费共计 49735 元。

1999 年，顺义区教育局共投资 5801 万元来改善办学条件。其中基建项目总投资 2355 万元，总建筑面积 22101 平方米；修缮总投入 3186 万元，抢修危房 1566 平方米，楼房综合维护 99555 平方米，翻建、改建校舍 7385 平方米；设备购置费 260 万元。

2010 年，顺义区投资 18.34 亿元全面实施校舍安全改造工程，涉及 46 所学校，改造面积 63.62 万平方米，在当年 9 月 1 日校舍安全工程基本完工。

第十七节　密云县

1995 年，密云县普教事业经费支出首次突破 8000 万元，达到 8130 万元，学生生均经费达到 1082 元，为历史最高水平。为解决初中高峰和城镇小学增班问题，县政府筹资 680 万元新建了第六小学 2800 平方米，第五中学二期工程 2315 平方米，第二小学教学楼 1000 平方米，一中学生宿舍楼 1200 平方米，新农村中学改造工程 2500 平方米，暑假后均投入使用。筹资 250 万元（学校自筹 50 万元）建成密云师范艺术楼 2700 平方米。

1996 年，密云县县乡两级财政拨普教事业费 8208.1 万元，比上年增长 22.2%。全县普教事业费支出 9703.8 万元，比上年增长 19.4%，其中公用经费所占比例比上年增加 1.3 个百分点。并且，密云县普教系统设备投资 518 万元，比上年增长 44%；密云县中小学基建修缮投资 1890.7 万元，比上年增长 15.3%。中小学新建教学楼 6300 平方米，改迁建校舍 2150 平方米，修缮危房 2600 平方米，增班建房 2500 平方米。此外，密云县政府再拨 15 万元专款补助特困生，近 5000 名中小学特困生享受补助。

1997 年，全县用于校园环境建设总投资达 2118 万元，学校面貌有了很大改观。密云县教育局投资 1241 万元进行校舍改造，主要包括改造职业学校教学楼 4078 平方米；太师庄中学实验楼 1812 平方米；一中图书馆、阶梯教室 1905 平方米；二中学生宿舍楼 2500 平方米；师范食堂 450 平方米等。除二中学生宿舍楼外，其余已全部竣工投入使用。

1998 年，密云县共投资 1589 万元用于中小学校舍建设和修缮工程，其中，县政府投资 1000 万元，乡镇出资 589 万元，比上年增加 200 多万元，完成基建修缮工程面积 3.67 万平方米。

1999 年，密云县政府拨款 2762 万元用于普教系统基建工程。该项投资完成总建筑面积 12700 平方米。其中，加强示范高中校和重点职高校建设投资 617 万元，完成建筑面积 2700 平方米；普通高中校建设投资 675 万元，完成建筑面积 6000 平方米；普通初中校建设投资 545 万元，完成建筑面积 5240 平方米；完成翻建、改建危旧校舍任务 4340 平方米和 21 所学校给水、防水、排污、供暖工程。山区中小学建设工程完成不老屯中学、大城子中学等 4 所中学和不老屯寄宿小学、西邵渠小学等 3 所小学的建设任务。

2000 年，密云县完成山区教育工程第二年建设任务。在学校布局方面，撤并学校 7 所，其中中学 3 所，小学 4 所，达标学校 23 所。在改善办学条件方面，投入专项经费 1262.36 万元，完成基建和修缮面积 10804 平方米，添置教学仪器设备 1336 件（套），办公设备和寄宿生活设备 6853 件（套），添置图书资料 80706 册；新增学科教室 7 个，学生餐厅 2 个。在助学金和寄宿生伙食补助发放方面，共向各边远山区乡镇中小学发放助学金和寄宿生伙食补助款 91.49 万元。

2001 年，密云县县镇两级政府实现修缮投入 4965.4 万元，比上年增加 1964 万元，增长 71.8%。新增建筑面积 34668 平方米，比上年增加 20000 多平方米。至年底，密云县县镇两级政府完成设备购置投入 300 万元。其中，教学设备投入 250 万元（山区工程投入 138 万元，平原校投入 112 万元），购置理、化、生实验设备，音、体、美等器械 10130 件；撤并学校调整设备投入 50 万元。并且，密云县完成了山区中小学建设工程。该工程全年基建修缮投资 1013.49 万元，新增建筑面积 11741 平方米，修缮 2874 平方米；设备投资 123.56 万元，新增教学仪器 2964 件。此外，密云县教委完成教育信息化建设投资 1000 万元。其中，建成信息传播中心 1 个，51 所学校配备计算机及相关设备 386 件，建设电子备课室 51 个，多功能教室 34 个，计算机教室 8 个，配置 K12 教学资源库 54 套，12 所学校建成校园网。

2002 年，密云县教委完成基础设资 8000 多万元，比上年增加 3000 万元，其中，投入 3913 万元新建密云二中分校，建筑面积 23321 平方米；投入 407 万元为密云一中新建 4000 平方米宿舍楼；投入 268 万元为密云三中新建 2500 平方米教学办公楼；投入 690 万元为太师庄中学新建宿舍楼和餐厅，建筑面积 5614 平方米；投入 2000 万元用于体育文化中心建设；投入 719 万元用于修缮工程，589 万元用于教学设备配备，117 万元用于 7 所中学的规范化验收和部分中学添置炊事机械等设备。

2003 年，密云县教委完成基建投资 9605.7 万元。其中，投资 7584.3 万元，新改扩建教学楼面积 36480 平方米，为中小学配备设备 10936 件（套）；投资 826.4 万元，新建校园网 22 套，中学、中心小学校园网主干全部建成；投资 730

万元，完成 47 所中学供暖改造；投资 465 万元，完成 29 所寄宿制中小学新建、改造、装修浴室 2000 平方米，配备太阳能洗浴设施。

第十八节　延庆县

1993 年，延庆县教育基金投资 14 万元，支持新城幼儿园建起一栋二层楼，新增加 2 个教学班，扩建康庄镇中心园，收托儿童由 30 余人增至 80 余人；沈家营乡投资 10 万元联办中心园；永宁镇左所屯村在新建规范园基础上又投资 5 万元建附属工程；延庆镇莲花池村委员会投资近万元绿化、美化园所；粮食局重视托幼工作，让出一座二层小楼改为幼儿园。此外，基建总投资 1485 万元，其中市县投资 940 万元，学校自筹 125 万元，教职工住房集资 420 万元，建筑总面积 33619 平方米，其中 13019 平方米已交付使用。在修缮上总投资 385.3 万元，抢修危房 963 平方米，新建、改建房屋 7716 平方米，新建、改造取暖设备 6 处，新建围墙 2630 米，建大门（门厅）8 座，打甬路 3600 平方米。

1995 年，延庆县教育经费支出 5583.8 万元，对“希望工程”捐款 330 万元，用于新建校舍、增添教学设备以改善办学条件，解决部分特困生入学问题。

1996 年，延庆县投资 321 万元用于新增各类教学设备 7.55 万件，占当年教育经费总支出的 5.1%。其中，投入 95 万元购置学生课桌椅、体育器材、教师办公用家具合计 1.4 万余件；投入 200 万元购置计算机、投影仪等电教设备、设施及各种教学仪器设备 3500 余台（件）；投入 26 万元添置图书资料 5.8 万余册。在修缮工程上，延庆县投资 578.6 万元，用于抢修危房 92 间 1656 平方米，新建校舍 151 间 5278 平方米，翻建改建校舍 52 间 936 平方米，新建围墙 1708 米，修甬路 2450 平方米，解决楼房、平房漏雨 5090 平方米，新建锅炉及改造土暖气 2.04 万平方米等。

1997 年，延庆县普教系统基建工程累计完成投资 2110 万元，当年完成 640 万元。基建工程再建、新建项目 4 个，总建筑面积 19730 平方米。在修缮工程上总投资 874.8 万元，抢修危房 365 间，新建校舍楼房 3 栋，平房 85 间等。

1998 年，延庆县政府决定从县财政每年拿出 100 万元专款资助贫困学生完成学业。助学金由县教育局统一安排，保证下发到贫困学生手中。此外，延庆县普教系统新添仪器设备 10.4 万件，价值 938.5 万元；投资 750 万元用于再建、新建工程项目 6 个，总建筑面积 15630 平方米。在修缮工程上共完成投资 1141 万元。

1999 年，延庆县教育局投入 2761 万元改造学校校舍。其中，基建工程投资

1911 万元，完成或部分完成基建工程 11 项，建筑面积 30233 平方米；修缮工程投资 850 万元，完成修缮面积 11070 平方米。并且，延庆县财政拨扶贫专款 100 万元救助 3498 名贫困生。其中享受人民助学金 2120 人；享受山区寄宿制伙食补助 1378 人。拨款 133.4 万元改造学校供暖设备，投资 521 万元添置教学仪器、设备、图书 84398 件（台、套、册）。主要包括山区工程投入 322 万元，购置仪器设备 25121 件；农村中学规范化学校验收投入 133 万元，购置仪器设备 53564 件；争创体育先进县投入 22 万元，购置体育器材 1900 件。

2000 年，延庆县总投资 3200 万元完成基建工程 8 项，总建筑面积 32801 平方米；完成修缮投资 870 万元，其中财政投资 755 万元，希望工程捐资 115 万元。具体项目包括投资 50.8 万元，抢修危房 129 间，建筑面积 2322 平方米；投资 321.5 万元新建楼房 3 栋，平房 140 间，建筑面积 5620 平方米；投资 72.6 万元翻建改建校舍 295 间，面积达到 5310 平方米；投资 145.2 万元更新锅炉 4 台、更新管线 1300 米，解决 8 所学校供暖；投资 138. 9 万元建围墙 2280 米、修甬路 7280 平方米、做防水 7960 平方米；其他 33 项工程投资 141 万元。此外，延庆县教育局为各校添置教学仪器、设备、图书等累计 276825 件，折合资金 1423.9 万元，与报损、更新、调换等相抵后，实际增加 265616 件（台、套、册），折合资金 805.7 万元。其中，仪器增加 28414 件，折合资金 56.7 万元；设备增加 8940 件，折合资金 641.4 万元；图书增加 126262 册（套），折合资金 107.6 万元。

2001 年，延庆县普教系统完成基建投资 2579 万元。其中，抢修缮工程投资 600 余万元。包括投入资金 126 万元抢修改造危房 7200 平方米；投资 380 余万元做防水、修围墙、甬路等其他工程；投入资金 165 万元更新改造完善学校供暖 12500 平方米。并且，延庆县普教系统全年仪器设备投入资金总额 446.5 万元。其中，市拨图书专款 16.5 万元；购置扩班增生所需设备 68 万元；青少年活动中心（少年宫）开班招生补助 30 万元；补充全县中小学体育、卫生、艺术教育专项设备 84 万元；用于山区工程检查验收设备 48 万元；为 4 所农村中学规范化达标验收添置设备 200 万元。

2002 年，延庆县教育系统完成基建总投资 3823 万元，共完成基建工程 6 项，总建筑面积 28136 平方米。并且，共完成修缮投资 1044 万元。其中投资 94 万元抢修危房 208 间，建筑面积 4160 平方米；总投资 436 万元新建、翻建校舍 121 间，建筑面积 2420 平方米，建学校大门 4 座，修甬路 11860 平方米，建篮球场 7 个，自行车棚 70 间，粉刷、维修校舍 15000 平方米；投资 514 万元用于供暖锅炉改造、更新防水、更新线路、改造食堂、安装上下水管道、校园绿化美化。在学校设备上，延庆县教委投资 1088.7 万元。其中，6 所中学规范化验收设备投入 269.37 万元；山区学校设备投入 127 万元；扩班增生及其他设备投入 93.05 万元；十一学校新建校设备配置投入 85 万元；延庆一中示范校建设理、化、生实验室及准备室改造投入 70 万元；11 所农村幼儿园设备配置投入 35.6 万元；9 乡镇 13 个农村成人学校设备投入 7.5 万元;完成市政府调拨汽车 21 辆价值 401.19 万元的分配工作。此外，延庆县委、县政府决定自当年起，每年拨专款 50 万元作为骨干教师、学科带头人的科研经费，按照 5000 元、3000 元、2000 元、1000 元不同等级下发。

2003 年，延庆县教育系统完成学校设备修缮工程。工程包括投资 29.3 万元抢修危房 1100 平方米；投资 107.2 万元新建校舍 1500 平方米；投资 38.2 万元综合维修 7870 平方米；投资 60 万元建围墙 869 米、修甬路 2600 平方米、换暖气管线 800 米、平房楼房做防水 6260 平方米；投资 152.1 万元取暖锅炉更新 15 校 24 台、维修 6 校 68 台、环保改造 7 校 9 台;投资 121.1 万元其他修缮工程 125 项。

2004 年，延庆县教委完成年度基础建设工程投资。全年该县基建面积 30425 平方米，总投资 5380 万元。其中，投资 1050 万元完成沈家营中心小学教学楼建筑面积 4000 平方米；投资 130 万元完成旧县中心小学教学楼建筑面积 1000 平方米；投资 1000 万元完成十一学校教学楼建筑面积 4197 平方米；投资 700 万元完成第五中学宿舍楼建筑面积 3998 平方米；投资 500 万元完成中等职业学校宿舍楼建筑面积 5230 平方米；投资 2000 万元完成第一职业学校教学楼、学生宿舍楼建筑面积共计 12000 平方米。在基础设施维修上，共投资 739.3 万元，完成危房抢修、围墙整修和环保改造等 9 项工程。其中，投资 40.4 万元抢修危房 1680 平方米；投资 124.9 万元新建校舍 2400 平方米；投资 172.9 万元综合维修 40480 平方米；投资 14.1 万元整修围墙 1190 米；投资 28.1 万元铺设甬路 7630 平方米，投资 1 6.8 万元做防水 4880 平方米；投资 26.4 万元更新锅炉 19 台；投资 24.6 万元维修锅炉；投资 17.5 万元完成环保设备改造 2 台；投资 273.6 万元完成其他维修 88 项。

2005 年，延庆县教委完成教育信息化建设投资 1395 万元。其中，投入 620 万元完成延庆二中、延庆三中、延庆四中、十一学校信息化建设；投入 495 万元为 17 所中小学补充设备；投资 180 万元完成香营中学、张山营中心小学、靳家堡中心小学、康庄中心小学、西屯中心小学 5 所中小学专项建设；投资 100 万元完成延庆二中专项建设。

2007 年，延庆县教委投资 7494.04 万元完成基建工程 5 项。其中包括投资 280 万元建设第四中学食堂、专室，建筑面积 1500 平方米；投资 2994 万元建设康庄中学教学楼，建筑面积 7980 平方米；投资 1723 万元建设香营中学教学楼，建筑面积 3298 平方米；投资 595.04 万元建设大榆树小学教学楼，建筑面积 2157 平方米；投资 1902 万元建设职教中心综合楼，建筑面积 5742 平方米。

2009 年，延庆县在落实九年义务教育阶段“两免一补”政策上，免收义务教育阶段学生教科书费 505.4 万元，惠及 42967 人次；免收义务教育阶段公办寄宿制学校住宿生、城乡低保家庭住宿生、残疾住宿生住宿费 107.6 万元，惠及 5385 人次；为本市农村户籍山区学生、城乡低保家庭学生、残疾学生每人每年发放 300 元助学补助，共 217.4 万元，惠及 14496 人次；发放寄宿生伙食补助 416.9 万元，惠及 5212 人次。

2010 年，延庆县在落实九年义务教育阶段“两免一补”政策上，投入资金 1258 万元，惠及学生 87553 人次。其中减免教科书费 414.9 万元，惠及 42489 人；减免住宿费 102.33 万元，惠及 5079 人次；减免杂费 148.11 万元，惠及 21854 人；发放助学补助 198.02 万元，惠及 13201 人次；发放伙食补助 394.4 万元，惠及 4930 人次。此外，延庆县投入资金 1613 万元完成 25 所学校办学条件达标设备购置工作。投入 50 万元为 55 所学校配备图书管理系统；投入 160 万元结合校安工程完成 16 所学校食堂设备配备；投入 65 万元完成部分单位机房避雷工程等。

后　记

本书是北京教育志编纂委员会办公室委托本人编写有关北京市教育投入内容基础上形成的成果。同时也是2017年北京社科基金研究基地项目“优质均衡背景下北京市义务教育资源配置结构、共享和效益研究”（17JDYJB024）项目的部分成果，内容涉及北京市各级各类教育经费的来源、使用和管理问题。

北京作为我国的首都，教育事业发达，教育资源丰富，教育经费投入问题更加值得关注。希望本书作能引起同行的关注和建议，为后续的深入研究打下基础。

在本书编纂过程中，北京教育志编纂委员会王永刚、张弛为本书付出了大量的时间和精力。此外，北京市教委财务处的李艳春处长、栗晋霞副处长、徐达同志多年来都给予了莫大的帮助。北京师范大学的杜育红教授、孙志军教授等在专业上提供了大量的技术支持。在书稿搜集数据、整理分析的过程中，北京师范大学教育学部的于文珊、邓蜜、陈郑、卢嘉琪等同学承担了大量的工作，出色地完成了任务。感谢妻子袁佩琦和女儿成泉乐的理解和默默支持，让我能有大量时间专心学术。

囿于水平和时间的仓促，书中难免存在不足与错误，敬请读者批评指正。

成刚

2019年4月29日